从零开始读懂
金融学

邓琼芳◎编著

云南出版集团
云南美术出版社

图书在版编目（CIP）数据

从零开始读懂金融学 / 邓琼芳编著 . —昆明：云南美术出版社，2020.6
ISBN 978-7-5489-4074-6

Ⅰ.①从… Ⅱ.①邓… Ⅲ.①金融学－通俗读物 Ⅳ.① F830-49

中国版本图书馆 CIP 数据核字 (2020) 第 087217 号

出 版 人：李维　刘大伟
责任编辑：汤彦　王飞虎
责任校对：钱怡　李艳

从零开始读懂金融学

邓琼芳 编著

出版发行：	云南出版集团
	云南美术出版社
社　　址：	昆明市环城西路 609 号（电话：0871-64193399）
印　　刷：	永清县晔盛亚胶印有限公司
开　　本：	880mm×1230mm　1/32
印　　张：	7
版　　次：	2020 年 7 月第 1 版
印　　次：	2020 年 7 月第 1 次印刷
书　　号：	ISBN 978-7-5489-4074-6
定　　价：	38.00 元

前　言

法国哲学家狄德罗说："人们谈论最多的事情，往往是最不熟悉的事情。"反过来说也是如此，人们最熟悉的事情，往往也是最不了解的事情。

当今社会，谁的生活也离不开钱、银行、理财、证券、股票等等。可绝大部分人却认为金融距离自己生活是非常遥远的，金融学知识是极其深奥难懂的。事实真的如此吗？

并不是。金融学对于普通人来说并不是遥不可及，我们每个人时刻都关注着它，并与它有着不可分割的联系。比如我们现在花钱买东西、把钱存到银行、投资股票和债券都需要关注利率、银行升息或是降息的政策、货币的价值、股市的走势等等问题，若是投资外汇的话，还需要关注外汇、美元、国际经济动态等等，而这些都涉及专业的金融学知识以及其背后的金融学原理、规则、法则等。

说白了，金融的本质就是你我他钱包中"钱"的事情，我们生活中每一件小事都和金融学有着或远或近的关系，生活更是无时无刻离不开金融学。不仅如此，整个国家和社会都离不开金融，和金融的运转、发展有着密切的关系。比如国家发行货币、发展经济、开展贸易以及参与国际市场竞争，都离不开金融的力量。

那么，金融到底是什么？金融学涉及哪些内容呢？从本质上说，金融就是资金的融通，是货币的发行、流通和回笼，是经营活动资本化的过程。在当今社会经济发展越来越繁荣的背景下，金融已经成为经济的"血脉"，离开了它，整个社会就无法正常运转下去。

而金融学的范畴也非常广泛，包括货币、银行、资本市场、投资理财、贸易金融、金融原理等诸多内容。我们时常谈论的GDP、通货膨胀、外汇储备、升息降息、投资风险、金融危机、个人征信等话题都涉及金融学的名词、原理以及现象。

正因为如此，我们需要懂一些金融学知识，知晓金融学究竟是怎么一回事，知晓如何利用金融学来帮助自己管理财富和投资获利，知晓通货膨胀、利率上升对于我们的生活有什么影响以及如何来应对物价上涨、财富缩水。从更大的方面来说，读懂金融学知识还有利于我们了解国家经济政策、金融秩序的变迁以及金融如何影响和改变国家的命运。

《从零开始读懂金融学》是一本通俗易懂的金融学读物，适合刚刚入门的学习者高效地了解金融学常识。这里没有深奥难懂的专业术语，也没有枯燥无味的理论，我们从生活中常见的金融学现象着手，用浅显的语言来普及金融学常识、剖析金融学原理。同时，我们加上一些生动具体的事例、全新的金融热点事件，详细地讲述有关于金融学的故事。

读过这本书，你就会懂得金融如何改变我们的生活，并且更加懂得如何打理我们的金融生活。亲爱的朋友们，现在就开始以轻松愉快的心情翻开这本书吧！

目 录

第1课　所谓金融，本质就是钱的事情

第一节　金融世界，"钱"如何运转·····················003
第二节　为什么会出现"钱"这种东西·················006
第三节　其实你手里的钱并不是真正的"钱"···········010
第四节　货币"代言人"——M0、M1 和 M2···········013
第五节　金融世界的"劣胜优汰"——劣币驱逐良币·····016
第六节　靠虚拟货币成为富翁？想都别想···············019

第2课　为什么GDP快速增长，我们的钱还不够花

第一节　天天说 GDP，什么是 GDP····················025
第二节　PPI，影响商家，也影响你我他················029
第三节　你幸福吗？问一问 GNP······················032

第四节	收入越高，家庭越富裕？得看看恩格尔系数	034
第五节	缺钱的时候，政府为什么不开印钞机	036
第六节	你的财产与时间也有关联	039
第七节	富者越富、贫者越贫的"马太效应"	042

第3课　可怕的金融"流感"：别拿通胀不当祸害

第一节	资产越来越贬值，这究竟是为什么	049
第二节	除了股票不涨，什么都涨	052
第三节	通货膨胀也不完全都是坏事	055
第四节	通胀是难题，甩也甩不掉吗	058
第五节	你可能不知道，还有个通货紧缩	061
第六节	产能过剩，全民幸福的"拖油瓶"	064
第七节	泡沫——经济持续膨胀的结果	068

第4课　把钱交给金融机构，你可以放心吗

第一节	银行如此重要，你又了解多少	075
第二节	货币大管家——中央银行	078
第三节	我们的钱如何在银行之间运转	080
第四节	如果银行破产了，我们怎么办	082
第五节	商业银行与政策性银行区别在哪里	086
第六节	投资银行——资本的弄潮儿	089
第七节	林林总总的财务公司，你了解多少	092
第八节	网上银行是不是可以放心托付	095

第5课　利率经常调整，你的钱会缩水吗

第一节　利率，关乎我们生活的点点滴滴·················099
第二节　利率体系，很有必要了解一下··················102
第三节　利率市场化，将是必然的趋势··················104
第四节　负利率时代，如何让资产保值、增值············106
第五节　看清利率的影响者，才能未雨绸缪··············108
第六节　基准利率在向我们传递什么信息················110
第七节　高利率时代，就是债券的利好吗················113

第6课　汇率正在悄悄发生变化，这意味着什么

第一节　汇率变化，对我们影响有多大··················117
第二节　如何在外汇市场有智慧地赚差价················119
第三节　了解汇率制度，才能把握市场走向··············122
第四节　外汇储备量，代表着什么······················125
第五节　扒一扒黄金和美元那些事······················127
第六节　让整个世界为之震动的"马歇尔计划"············130
第七节　美元的起伏与其背后的政治关系················133

第7课　理财不用懂太多，重在知"规则"

第一节　杠杆原理：使用好小钱，完全可以赚大钱········137
第二节　复利原理：金融世界的财富"奇迹"··············140
第三节　二八定律：不走寻常路························143
第四节　洼地效应：创建独特优势，让水往低处流········146

第五节	博傻理论：跟风投资是聪明还是傻瓜 · · · · · · · · · · · · 149
第六节	72法则：那么神奇，又那么实用 · · · · · · · · · · · · · · · · 154
第七节	心理账户：消费行为的理性和非理性 · · · · · · · · · · · · 157

第8课　进行精准投资，为你的资产快速增值

第一节	科学储蓄，理财投资的底气 · 163
第二节	玩好债券，获得更多收益 · 166
第三节	基金怎么投，财务才自有 · 170
第四节	股票风险大，掌握规律就不怕 · · · · · · · · · · · · · · · · · · 174
第五节	怎样买保险，利益才保险 · 178
第六节	用外汇赚钱，一点不难 · 181
第七节	期货交易，如何不掉进坑里 · 185
第八节	要想风险小，不如来把黄金炒 · · · · · · · · · · · · · · · · · · 189
第九节	信托：选择谁来替你理财 · 192

第9课　红色警戒！别让前途栽在征信上

第一节	信用，金融交易的基础 · 199
第二节	征信差，对你影响有多大 · 203
第三节	影响征信评价的因素究竟有哪些 · · · · · · · · · · · · · · · · 206
第四节	让银行吃亏？你想得美 · 208
第五节	透支消费，几家欢喜几家愁 · 210
第六节	毁掉商业口碑，等于自我摧毁 · · · · · · · · · · · · · · · · · · 213

第1课 所谓金融，本质就是钱的事情

金融就是资金的融通，本质就是钱的事情，在金融世界中，一切人或是物都是围绕着"钱"来运转的。那么"钱"是怎么产生的？什么是真正的钱？它又是怎么流通的呢？在这本书里，你将找到答案。

第一节 金融世界，"钱"如何运转

现实生活中，我们每一个人都离不开钱。每天我们需要把自己的钱交出去，然后换取各种各样喜欢、需要的商品；我们又会外出工作或是出售自己的商品，换取自己所需的钱。除此之外，我们投资、借贷等经济活动都是靠钱来完成的。

可很多人会想：为什么一张张薄薄的纸片可以换来这么多重要的东西？钱本身究竟有什么价值？它的本质又是什么呢？

钱，这只是我们通俗的叫法，用金融学术语来说是"货币"。简单来说，货币就是购买商品、保存财富的媒介，它具有特定的价值，是从商品中分离出来的固定地充当一般等价物的商品。同时，货币并不是从来就存在的，是商品交换发展到一定阶段的产物。

一般来说，一个国家只有一种法定货币，必须由中央银行发行、管理和控制。随着国际贸易的发展，各国之间的经济联系越来越紧密，某种货币开始具有国际货币的职能，比如美元；同时，经济联盟和共同体也越来越多，各国为了交易的便利也开始使用同一种货币。比如，1999年1月1日欧盟决定实行统一货币政策，规定欧元为唯一法定货币。欧元由欧洲中央银行系统负责管理，而欧元发行之后，加快了商品与资金流通的速度，有利于欧盟统一大市场的建立，使得欧盟经济在国际上处于有利地位。

除此之外，有些国家并没有本国的法定货币，反而把其他国家的货币当作法定流通货币，比如，巴拿马的法定货币就是美元。

货币的种类分为三种，包括实物货币、纸币、信用货币。实物货币是最早出现的货币，我们熟知的贝壳、布帛、兽皮、石头等就是最初的实物货币，还有后来的金银、硬币等。实物货币的价值非常稳定，最具有代表性的就是金、银等金属货币；纸币是金融市场上流通最广泛的、政府强制流通的货币，它和硬币被统称为通货或现金；信用货币的形式主要有商业票据、银行券和存款货币，我们熟知的银行券、汇票、支票都是信用货币。它是由银行提供的信用流通工具，可以说是金属货币制度崩溃的直接产物。

既然在金融世界中一切都围着货币转，那么货币的职能究竟都有哪些呢？

首先是价值尺度职能。因为所有的交换都必须以货币为媒介，所以货币就成为衡量一种商品的标准。就像是用尺子来测量某个物体的长度一样，货币本身也是衡量某商品价值的标准。在物物交换时期，人们只能用三袋谷物来衡量一张兽皮的价值，可有了货币之后，人们就可以用1盎司黄金或是100元人民币来衡量一张兽皮。

第二是流通手段职能。在商品交换过程中，卖者把商品换为货币，然后再用货币换取商品。这个时候，货币就充当了商品交换的中介，执行了流通手段的职能。要知道，价值尺度职能是流通手段职能的前提，而流通手段职能进一步促进了价值尺度职能的发展。

第三是价值贮藏职能。货币是具有实际价值的，可以用来购买商品，也可以用来持有和储藏。相对于纸币来说，实物货币尤其是金银货币更具有储藏价值，因为它们的价值比较稳定，不会大幅度地贬值。而纸币的价值是央行人为决定的，具有无限扩大的可能。一旦出现通货膨胀或是政府倒台等极端情况，纸币就不具备了货币的真正职能，失去其价值。

第四是支付手段职能。以货币为媒介的商品交换，无论是买还是卖，都必须完成两方面的内容：一是交货的过程，一是付款的过程。其中付款的过程就是支付的过程，所以，作为支付手段的职能，货币是商品交易的必要条件。

最后是世界货币职能，就是货币在世界商场上执行的一般等价物的职能。当货币流通出一国范围，就在世界市场上发挥着重要的作用。货币可以用作国家贸易之间的支付、流通。除此之外，作为一般支付手段，货币还可以用来平衡国际贸易的差额以及国际财富的转移，比如偿付国际债务、支付战争赔款等。

虽然在金融的世界里，钱不过是人们手中的工具罢了，但是我们不得不承认人人都离不开钱，整个世界的一切也都围着"钱"转。所谓金融，本质就是钱的事情，它是金融学的中心，更是我们打开金融学的钥匙。

第二节 为什么会出现"钱"这种东西

在生活中,只要你进行金融活动,那么就必然能接触到货币。任何商品都是通过货币的方式来计价,你想要得到任何商品也必须用货币来兑换。那么为什么货币会出现呢?它是如何发展而来的呢?

事实上,货币并非在人类生活开始就存在了,而是随着生产力的提高而出现的。

在原始社会初期,生产力低下,人们只能满足温饱问题,没有剩余产品产生。随着生产力的发展,人们生产出的产品满足温饱之后还有剩余,于是便用部分剩余产品来交换自己需要的产品。这一时期,人们进行的是物物交换,比如有些需要兽皮,有些需要石器,那么双方就会进行交换,各取所需。

到了原始社会后期,生产力继续提高,社会有了明显分工,产品的数量和种类越来越多,剩余也越来越多。可正是因为进行了社会分工,人们获得的产品种类也变得单一起来。如从事农业活动的人只能获得粮食,从事畜牧业活动的人只能获得肉类、兽皮,于是商品交换得到迅速发展,商品交换范围越来越大。

人们学会物物交换以后,生活变得方便起来,生活也其乐融融。可有一天,这种快乐被打破了,因为甲发现自己冒着生命危险打来的猎物只能换来乙的一筐谷物，所以甲就心理不平衡了，不愿意再和乙进行交换。于是，当商品的价值开始显现出来时，人们不再一物换一物，而是用高价值的商品换取更多低价值的商品。

可问题就在于，人们在交换商品的时候，往往很难判断彼此的交换是否对等——不是你占了我便宜，就是我占了你便宜。这个时候，作为一般等价物的货币就产生了。人们开始寻找一般等价物，在进行商品交换之前先和一般等价物进行比较，觉得其价值差不多时再进行交换。

最开始时，人们用贝壳作为货币，所以你会发现中国汉字中大多数与钱、财富、价值有关的字都是"贝"字旁，如财、贵、资、费、贷等等。贝壳作为货币具有很多优点，它是一个一个的，易于计数比较；质地坚硬、不易磨损，利于长期保存；数量不多，可作为名贵的装饰；小巧、轻便，便于人们随时携带。

之后，随着商品交换的数量越来越大，数量稀少的贝壳已经不能满足人们的需要了。于是，人们开始寻找新的一般等价物来充当货币，陶、石、兽骨、铜等货币便相继出现。社会再往后发展，冶炼金属技术出现并得到充分发展，人们发现金属货币要比陶、石等货币更具有色泽光亮、耐磨耐腐蚀，再加上它容易分割、铸造，体积小，价值高，所以人们便开始使用金属作为新的货币。

从世界金融史的发展来看，世界上的大多数文明国家都逐渐抛弃贝壳、石头等货币形式，广泛地使用金属货币。在商朝晚期，我国就开始使用金属货币，人们把青铜铸造成贝壳的样子，然后用青铜货币来交易，之后在市场上广泛流通。青铜货币的产生、发展以及流通是我国早起货币发展的一个重大转折。

到了战国时期，尤其是战国中期以后，我国的商品经济得到很大发展，促使青铜货币的流通和使用也空前发展。不过由于各诸侯国经济独立、文化传统不同，铜币造型也是多种多样，主要有布币、刀币、圜钱及铜贝四种。比如，韩、赵、魏主要使用布币，赵国也有刀币；秦国主要使用圜钱，圆形无廓，中为方孔。

秦统一六国之后，秦始皇废除了造型多样的货币，铸造圆形方孔钱作为市场流通的统一货币。而这"方孔钱"采用了古代"天圆地方"之说，小巧、轻便、便于携带，在我国流通了2000多年，直到民国时期依旧在使用。"方孔钱"一直是我国市场流通的主要货币，只是人们为了交易方便还发明了比较贵重的金、银作为货币。

那么，为什么我们今天会使用纸质货币，而不是继续使用金属货币呢？

这是因为金属货币也存在着一定的缺点。金属货币的储存量有限，开采比较困难，随着商品交换数量的增长，金属货币越来越不能满足市场；金属的密度很大，不利于进行大额交易；在使用的过程中，金属货币会出现磨损的现象，而且越是贵重的金属，使用时磨损就越大。以黄金为例，在黄金作为货币期间，大约有2万吨黄金在人们的手中、衣服口袋中、铸币厂损失掉。

于是，人们就开始寻找新的货币来代替金属货币，而纸币作为金属货币象征符号就应运而生了。在我国,最早的纸币是北宋时期的"交子",它也是世界上最早的纸币。"交子"两字很好理解,就是交易凭证的意思。当时,北宋政权消灭了四川成都一带的某些割据势力,并且发布了"禁止铜钱入川"的禁令。当时人们没有铜钱使用,便铸造了价值更低的铁钱。

可铁钱重量太大,不易于携带和流通,为了方便贸易,人们便发明了"交子"作为交易凭据。"交子"流通的时间并不长,因为它只是象征金属货币的符号,一旦没有金属货币作为保证,交子无法兑换现钱,人们便对它失去信任,不再愿意使用了。

"交子"这一弊端也体现了纸币的特点,由于它本身不具有价值,它代表的是商品流通中所需的金属货币量,所以只是一个象征符号而已。纸币具有很多优点,制作成本低,便于携带、运输、保管,避免了在铸币、流通中的磨损。

现在人民币是我国的法定货币,由中华人民共和国授权中国人民银行发行。而美国的法定货币是美元,欧盟的法定货币是欧元,这些国家的纸币还执行着世界货币职能。虽然纸币由国家发行,但是国家不可以任意发行纸币,必须根据市场流通所需要的货币量为依据,否则就可能导致通货膨胀。

原因很简单,纸币发行量超过了它象征的金或是银的流通数量,就会出现贬值的情况。纸币发行量超过这个限度越大,贬值就越厉害,物价上涨就越厉害,从而导致通货膨胀。

当然,在现代社会中,纸币已经不是唯一的货币,市场上还出现了信用货币和电子货币等形式。信用货币最常见的就是汇票和支票，而我们日常使用的银行卡、信用卡、电子支票、电子钱包都属于电子货币。随着互联网、移动支付的发展，电子货币的支付形式也越来越流行，越来越成为主流。

第三节　其实你手里的钱并不是真正的"钱"

看到这个标题，你是不是感到很困惑：钱就是钱，又不是假币，怎么不是真正的钱呢？其实从金融学角度来说，钱也就是我们说的纸币和硬币并不是真正的钱，因为它不是足值货币。什么是足值货币呢？

就是具有十足内在价值的货币，比如我们之前说过的实物货币或是金属货币，它们能以自身价值和其他商品进行交换，具有实实在在的价值。

纸币和硬币只是一种符号，虽然它们能用来购买很多东西，能够在我们手中进行流通，但是它们不过是一种标明它价值多少的符号而已。一旦失去了这种象征意义，它就是一张纸，和平时我们使用的纸张没有多大区别。比如，我国正在发行流通的是第五套人民币，那么第一套、第二套人民币就只具有收藏价值，无法在市场上流通、交换。

那么，在金融学上什么是真正的钱呢？想要弄清这个问题，我们就不得不先了解货币制度。

货币制度是国家以法律的形式规定下来的一种管理制度，主要是针对货币、货币流通的组织与管理的制度。货币制度保证了货币和货币流通的稳定，保障了货币正常发挥各项职能。而在货币制度产生之前，货币的发行非常分散，各种货币只适用于某一个区域，流通也非常混乱。随着商品经济的发展，这种混乱的局面愈演愈烈，影响了商品交易的良性发展。因此，各个国家都通过颁发法律、法令，对货币流通进行了规定，建立起一套合理、稳定的货币制度。

典型的货币制度包括了货币材料与货币单位，通货的铸造、发行与流通，货币的准备金制度三项内容。下面我们就来了解这三项内容的具体情况。

首先是货币材料与货币单位。

确定货币材料与货币单位是确定货币制度的根本问题，如果连选择用什么金属作为货币材料都不能确定，那么之后的问题都是空谈了。现在每个国家所选择的货币材料是不同的，这完全取决于这个国家的经济发展程度以及金属储存情况。确定的货币材料不同，采取的货币本位制就不同，如以黄金作为货币材料采取金本位制度，以白银作为货币材料就采取银本位制度，而以纸质作为货币材料自然就是纸币本位制度了。

确定货币材料之后，便开始确定货币单位和每一货币单位所包含的货币金属量。如果不能确定这些，那么货币就不能正常地发挥其流通作用，也不能用来计价。对于我国来说，早在民国时期颁布的国币条例中就规定，货币单位为"元"，以银为本位制，重七钱二分含银量89%的银圆作为"一元"。

第二是通货的铸造、发行与流通。

所谓通货，就是进入流通领域的货币，分为本位币和辅币两种。本位币也被称为主币，是按照国家规定的货币单位所铸成的标准铸币。比如，我国的主币就是人民币，单位"元"。辅币顾名思义就是辅助本位货币而发行的货币，通常比本币币值小，用来找零。比如，我国的辅币就是人民币"元"以下的"角"和"分"。在今天，我国的货币已经抛弃了"分"，最小货币面额为1角。简单来说，我国的主币是元，一单位货币就是一元。

现在全世界都采取金属本位制度，主币的面值与金属价值是一致的。如果在流通的过程中货币出现磨损的情况，人们可以在政府制定机构兑换等值新币。

而辅币通常是用贱金属铸造，不是足值货币，包括的实际价值低于其符号价值。辅币的使用不仅为人们提供了便利，也节省了大量费用。同时，辅币一般是有限清偿货币，也就是说每次交付的辅币数量是有限制的，超过了限制，对方有权利拒绝接受。

第三就是货币的准备金制度。

我们之前说过，货币是以贵金属作为保证的，随着货币的发展，所使用的金属也发生了变化。随之而来的，货币制度也经历了银本位制、金银复本位制、金本位制和信用货币本位制度四种不同的制度。

目前，全世界都采取金本位制度，在这种货币制度的影响下，黄金是本位币，也是各国最重要的货币准备金。通常来说，黄金准备金保存在国库和各国的中央银行，其储备量体现了一个国家的国家财富，影响着一国经济的稳定。而随着信用货币的出现，一个国家的准备金不只是黄金，还包括外汇和有价证券，它们同样具有国际流通和支付功能，影响着一国经济的稳定和发展。

不管是黄金还是外汇、有价证券，准备金都具有以下作用：作为兑换银行券的准备金；用作国际支付；调节流通中的货币量。

总而言之，我们手中的钱并不是真正的货币，它没有价值，也不是商品。货币是一般等价物，是国家强制使用的货币符号。它之所以能够流通、交易，只是代替了金属货币的功能而已。

第四节　货币"代言人"
——M0、M1 和 M2

我们都知道人分层次，商品分层次，货币也是分层次的。那么货币的层次用什么来代表呢？在新闻中，我们经常看到M0、M1、M2等专业术语，其实它们就代表了货币的不同层次。

在经济生活中，货币扮演着非常重要的角色，为了方便测量、分析流通中货币供应量的情况，有效地进行调控，人们根据货币流动性的大小，把货币供应量划分为不同的层次。M0、M1、

M2就是货币供应量的三个层次。

什么是货币供应量？简单来说，是指一个国家在一段时期内用于社会经济正常运转的货币存量。货币供应量主要分为两部分，即各大金融机构内的存款货币和现金货币，它是一个非常重要的金融数据，是一国中央银行掌控流通中的货币的依据，是央行进行宏观监测和宏观调控的基础。

M0代表流动中的现金。它本身就是现金，流动量最大，可以反映出社会消费变动。

M1等于M0+单位活期存款，就是我们所说的狭义货币。由于活期存款大多是人们放在银行的流动资金，所以M1的流动性也比较强。

M2等于M1+单位定期存款+个人的储蓄存款+证券公司的客户保证金，是我们通常说的广义货币，因为定期存款是受期限限制、不能随时变现的，所以M2流动性较弱。

可以看出，从流动性来看，M0最为活跃，流动性最强，M2最不活跃，流动性最差；而从范围来说则正好相反，M2包含的货币范围是最大的，M0包含的范围是最小的。

货币是由国家的央行发行和调控的，所以央行会随时监控M0、M1和M2这三个指标，以此来了解市场上货币供应量是供大于求还是供不应求，从而通过调整利率、准备金来制定货币政策，调整流通的货币量，以确保货币的保值、物价的稳定。

具体来说，M0与消费密切相关，数值高低关系到人们生活是否富裕。M0数值越高，说明人们手中的流动现金越多，购买力越强，生活水平越高；M1反映了人们和企业手中的资金变化，究竟是增加消费了还是紧缩消费了。M1数值越高，说明人们和企业手中的资金越高，而活期存款通常是可交易的存款，包括支票存款、转账等，所以消费也就越高。同时，M1还反映了经济的周期波动。影响M1数值的因素有很多，比如股票市场形势大好，人们把定期存款或是部分资产变现投入到股市，那么M1就会加速上扬；M2则反映了一国社会总需求的变化和未来通货膨胀的压力状况。当银行信贷投放和外汇占款投放增加的时候，该数值就会随之上涨。

与此同时，M1和M2的增长变化存在着密切的关系，我们还可以通过M1和M2的增长率变化，得知宏观经济的运行情况。如果M1和M2的增长保持平衡，也就是企业的活期存款和定期存款保持同步增长，经济运行处于良好的状态。可若是M1大幅度上升，且在很长一段时间内增速大于M2时，就会导致投资过热或是通货膨胀，或是股市上涨。若是M2大幅度上升，且在很长一段时间内增速大于M1时，那就说明企业和居民普遍选择把资金存为定期存款，不愿意进行投资和消费，从而导致资金流通紧缩，经济不景气。

总之，M0、M1和M2这三个指标就是货币的"代言人"，反映了一国金融市场货币供应量的变化，也反映了居民和企业进行投资和消费的水平。

第五节 金融世界的"劣胜优汰"
——劣币驱逐良币

现实生活中，我们时常看到类似的情形：

二手车市场里，所有的车子看起来都差不多，但质量却有很大差别。买主只能看到车子的表面，不可能了解其真正的质量，于是便宁愿买价格10万的"看起来很好的车"，也不愿意买价值25万的"货真价实的好车"。

时间长了，"好车"的主人便觉得买主不识货，不愿意出现在这个二手车市场。而当买主发现市场上没有好车，只剩下价格10万以下的车子时，他们便不再愿意花10万买车，反而想要买更便宜的车子。如此一来，市场上的"好车"数量越来越少，买主买到的车子质量也越来越不好……

在金融学上来说，这与劣币驱逐良币的性质相同。在铸币时代，当劣币（实际价值低的货币）进入流通领域时，人们就倾向于将那些良币（足值的货币）收藏起来，不愿意掏出口袋。最后，良币被驱逐，市场上流通的就只剩下劣币了。

在金银复本位制度下，由于金银本身的价值是变动的，两者兑换的比率是相对不变的，若是产生劣币驱逐良币的现象，那么复本位制就不可能实现了。举个例子，金银的兑换比率是1∶15，当银因为开采量提升而导致其价值降低时，人们按照1∶15的比率来兑换金就会获得比之前更多的收益。

于是，越来越多的人将金贮藏起来，最后银流通量增加，从而充斥于货币流通，排斥了金。相反，当金的价值降低时，人们就开始用金来兑换银，把银贮藏起来，那么流通中就只剩下金币，排斥了银。

18世纪20年代，著名的物理学家牛顿就曾经真正感受到劣币驱逐良币的力量。当时，金银同为英国金融市场流通的货币，牛顿担任造币大臣之后，发现市场上流通的黄金越来越多，白银却越来越少。这是因为英国国内白银价格高黄金价格低，而国际市场内正好相反，黄金价格高白银价格低。这就导致人们不愿意用白银消费，反而把白银都藏起来。

可对于英国来说，这并不利于国内经济和金融行业的发展。为了解决这个问题，牛顿不仅拿出国库中的白银家底，还积极收购人们手中的银器来铸造银币，把它们都铸造成银币，投入到市场之中。但是这并不能改变银贵金贱的局面，很快新铸造的银币也在流通中消失。也就是说，如果黄金的价格便宜，那么不管铸造多少银币，都会被人们藏起来。

事实上，在日常生活中你也时常用劣币驱逐良币。比如，你在购买东西时，喜欢把旧的、破损的钱花出去，把新的、干净的纸币留下来，你就是在驱逐良币。那么，很多人会提出这样的问题："铸币时代，人们会藏起金币或是银币，到了纸币时代，仍会出现劣币驱逐良币的现象吗？"

比如，当黄金价格上升的时候，你还积极购买金条、金币和黄金首饰，把它们藏起来而更愿意花纸币，你这也是在驱逐良币。

因为纸币只是货币符号，没有真正的价值，所以对于人们来说，硬币（金属货币）是良币，而纸币则是劣币。在正常情况下，硬币和纸币的价值是一样的，但是当纸币贬值的时候，卖方就会拒绝接收纸币，从而迫使人们不得不向银行退换硬币或是黄金，以确保自己的利益不会受损。同时，纸币与商品的交换实际上是一种债权债务的信用关系，以信用纸币发行人的信用为前提。而这个时候，我们发现劣币驱逐良币的效应就失效了，人们更愿意持有硬币而不愿意持有纸币。

也就是说，当金属货币被纸币取代之后，劣币驱逐良币的现象就被倒置了，出现了良币驱逐了劣币的现象。信用好的纸币越来越受人们欢迎，而信用不好的纸币必然遭到人们的抵制。

最后我们还需要注意一个问题，那就是劣币驱逐良币的实现必须具有以下条件，即两种货币必须都是法定货币，并且有一定的法定比率；两种货币的总和必须超过社会所需要的货币量。

第六节　靠虚拟货币成为富翁？想都别想

随着互联网的高速发展，网络的虚拟货币越来越流行。而说到虚拟货币，我们最熟知的就是腾讯Q币、新浪U币、盛大点卷以及各种游戏点卡等等。这些货币只在互联网上流通，并非真实的货币，但是消费者可以通过开通账户，在互联网上购物、买卖。

比如，腾讯公司发行Q币，可以用来购买该公司的增值服务，如充会员、购买游戏道具等；盛大的点券可以用来购买游戏装备、提升玩家级别；某论文网站的虚拟货币可以浏览文档、下载文件。

获得这些虚拟货币的方式非常简单，只需要人们在相应网站代理商购买便可，也可以通过网络银行或手机话费充值的方式来购买。很多网站还设定了奖励机制，只要用户开通账户，或是完成某种任务（比如浏览足够数量的网页，或是在其他相关网站购物），就可以获得相应数量的虚拟货币。

目前，我国的虚拟货币分为三类，第一类是游戏币。由于网络游戏的发展，游戏币成为游戏玩家追求的对象，很多青少年不惜花费巨款来购买游戏币，用来购买游戏中的所谓武器、宠物、材料、技能等等。而购买这些装备的"人民币玩家"在级别和技能上都有"突飞猛进"的提高，以至于游戏币在网络上流通非常火爆。天堂币、盛大点券就是典型的游戏币。

第二类是各种门户网站的专用货币，其中最具有代表性的就是Q币、天涯币、新浪U币等。这些虚拟货币都用来购买站内相应服务，在QQ游戏中，Q币可以兑换游戏币，可用来充QQ会员；在天涯中，天涯币可以用来打赏、发红包。但不管是哪一门户网站的虚拟货币，它们都只可以在线上交易，只允许单项流通。

第三类是贝宝币。这是美国贝宝公司（Paypal）发行的一种可以在网上购物的货币，消费者只要向公司提出申请，就可以把银行账户里的钱转成贝宝货币，然后进行网上购物。不过，这种货币在国内还未出现，美国也尚未普及。很多人断言，一旦这种贝宝币流行起来，就会对金融市场的真实货币造成巨大的影响。因为这种虚拟货币的交易不必考虑汇率、利率等问题，且转换的服务费比银行卡的服务费低很多。

就目前而言，虚拟货币的发展方兴未艾，尤其是手机支付高速发展之后，货币形式越来越趋向于电子化、数字化。美国著名经济学家林顿·拉鲁什还曾预言："从2050年开始，网络的虚拟货币将在某种程度上得到官方承认，成为可以流动的通行货币。"还有人说，虚拟货币的盛行将带来一场新的货币革命，一旦虚拟货币之间可以相互兑换，并且形成固定的汇率，那么势必会对现代的金融秩序产生巨大的影响。

那么是不是说，虚拟货币将成为市场流通的主流货币，且谁口袋里的虚拟货币多，谁就可以成为富翁呢？

当然不是。我们知道，货币作为充当一般等价物的特殊商品，具有价值尺度、储藏手段、支付手段、流通手段和世界货币五大职能。而虚拟货币却并不具备以上职能。首先是价值尺度，虚拟货币本身不具有价值尺度，只有和人民币进行兑换之后，这种价值尺度才能体现出来。如果虚拟货币的价格出现频繁变动，那么就无法体现其价值尺度。

其次是虚拟货币的储藏价值并不大，因为网络世界存在着很大的安全隐患，大部分人不会将真实货币兑换为虚拟货币，更不会有人向储蓄一样用虚拟币来积累资产。

第三是支付手段和流通手段，虚拟货币只限于网络世界，不能作为法偿货币来清偿债务。比如Q币，只能用来购买增值服务，本身并没有其他交易功能。人们可以用人民币购买Q币，而Q币却不能兑换为人民币。

最后就是世界货币这一职能了。虽然说互联网无国界，但虚拟货币的发行公司是有国界的，它无法脱离网络世界，也无法充当世界货币。

正因为如此，虚拟货币虽然正盛行，很多国家也承认了它的合法性，但是它毕竟不是"货真价实"的货币，更不能成为财富的象征。

第 2 课　为什么 GDP 快速增长，我们的钱还不够花

　　保罗·萨缪尔森总结说："GDP是20世纪最伟大的发现之一。"在所有的经济指标中，GDP是最基本也是最重要的一个，是国家经济的"晴雨表"。可是GDP增长的速度快，人们的生活水平就高吗？

第 2 课 为什么 GDP 快速增长,我们的钱还不够花

第一节 天天说 GDP,什么是 GDP

什么是GDP?

谈论这个问题之前,我们不妨先看两个小故事。

故事一:

有两个人吃饭后去散步,途中谈天说笑,突然甲发现前面的草地上有一堆狗屎,他便想要捉弄一下乙,于是他对乙说,如果你能把它吃下去,我就给你1万块钱。甲笃定乙不会吃,可是他想错了——1万元钱的诱惑可不小,乙咬了咬牙竟然应下了这个"赌局"。甲无奈只好履行自己的承诺,支付给乙1万元钱。

两个人继续散步,突然又发现一堆狗屎,这个时候乙觉得恶心无比,便也想捉弄一下甲,说你把它吃下去,我也给你1万块。此时,甲正为花掉1万块钱而后悔,便也应下了这个"赌局"。

事后,两人并不开心,因为自己什么也没得到,却白白吃了一堆狗屎,便沮丧地号啕大哭起来。这时,一位经济学家路过,询问他们为什么大哭,两人说明了具体情况。谁知经济学家兴奋

地说:"谁说你们什么也没得到,你们为国家贡献了2万元的GDP啊!亲爱的年轻人,我代表祖国和人民感谢你们!"

故事二:

一个小镇上,两个人去世了,一个是荒淫的富人,每天吃喝玩乐、挥霍无度,很少帮助他人;一个是贫苦的穷人,节俭禁欲、只吃面包和牛奶,喜欢助人为乐。你是不是以为镇上的居民会怀念穷人、厌恶富人?

可是你错了。当富人下葬的时候,人们非常悲伤,四处都是哭泣、哀叹声;穷人下葬时,人们却不愿意参加他的葬礼,也没有多少人为他哭泣。

一个陌生人感到迷惑,便问道:"为什么人们为一个荒淫不仁的人悲伤,却忽略了一个勤俭助人的穷人?"

镇上的居民回答说:"那个富人,虽然他是个荒淫的人,但是他却是最大的施舍者。他每天挥霍自己的金钱,从人们那里买鸡、买酒、买奶,每个人都能从他那里得益。我们小镇的GDP因为他不断增长。可那个穷人就不一样了,虽然他没少帮助他人,但是在金钱这方面几乎没有人从他身上得益,他几乎没有为小镇的GDP做过贡献。"

读完这两个故事,你了解什么是GDP了吗?那两个人真的创造了2万的GDP吗?荒淫的富人真的值得尊重吗?

简单来说,GDP就是国内生产总值的简称,是一个国家或者地区内所有的常驻单位（包括企业和个人），在一定时间内生产或者提供的产品和劳务的价值总和。说白了，GDP就是一个国家或地区在一年内创造的所有物质财富。对于一个国家和地区来说，它是一个非常重要的指数，是衡量一个国家的经济状况的最直观的经济指标。

通过GDP，我们可以了解一个国家或者地区完整的经济状况，了解人民究竟创造了多少财富。通过GDP，政府就可以判断出这一年的经济状况，并且针对经济状况制定相应政策。

那么GDP如何来统计呢？

我们回到之前的两个故事，首先是第一个故事，两个年轻人先后各付给对方1万元钱，我们暂且算他们创造了2万元的GDP。但是千万不能忽视一个条件，GDP是国内生产总值，必须有产值的实现才能计入GDP，如果只是金钱的流动，没有产生新的价值，没有能满足人民需求的某种生产或服务，那么它就不能计入GDP。

举个更加明显的例子：父亲给儿子100元钱，这个过程没有交易，那么这100元钱就不能算作GDP。如果这儿子拿这100元钱买衣服、水果，抑或是交水电费，那么它就算是GDP。

GDP是一个交易的概念，有交易的过程才能产生GDP，没有了交易，那么双方之间即便有再多的金钱往来，也不能算是对GDP有贡献。比如，我国每逢春节、婚丧嫁娶，人们有互相给红包、礼金的习俗，而这笔钱就不能计入GDP；一个人喜欢赌博，玩赌博游戏输了或是赢了1000元，那这笔钱也不能计入GDP。只有人们把自己手中的钱花出去，用来交易，并满足个人的真实需要，那么这笔钱才算是GDP。

所以，那两个人的2万元虽然有支付、流动，但是没有产生新的价值，没有产生交易，不能计入GDP。

而第二个故事中，正如镇上的居民所说，富人每天都在与人交易，每天都在享受食物或服务，虽然他不值得尊重，但确实创造的GDP更大，比穷人对镇上经济的贡献更大。

同时，GDP的计算方法非常严格，和一个人赚钱不赚钱没关系，一个企业赔钱不赔钱也没关系。计算GDP时需要把一个国家境内一年内生产的所有产品和劳务的市场价值都加起来，不能遗漏，也不能重复。

比如，一个果园主人把水果以2元每斤的价格卖给某罐头厂，收益为1000元。罐头厂将这些水果加工成罐头，以1500的价格卖给某超市，然后超市又以2500元的价格卖给了消费者。那么，整个交易过程是不是产生了5000元的GDP？

这种算法是错误的，因为这几次交易中出现了重复计算的情况。水果的价值被计算了3次，罐头厂的价值被计算了2次。正确的计算方法应该是：果园主人创造的1000元+罐头厂创造的500元+超市创造的1000元=2500元。也就是说，计算罐头厂和超市创造的价值时，必须剔除初次计算后的交易。

所以说，对于一个国家来说GDP是非常重要的，但是我们也不能唯GDP论，虚假地去创造一些无效的GDP。如果这样，不仅对国家没有任何帮助，还可能导致经济指标出现错误，影响相关政策的制定。

第二节 PPI，影响商家，也影响你我他

2019年5月28日，全国大蒜价格持续走高，北京某农副产品批发市场大蒜批发平均价为8元/公斤，比1月1日的4.5元/公斤大幅上涨了77.8%。很多人都在说"蒜你狠"又来了。

什么是"蒜你狠"？2010年，全国大蒜价格持续疯涨，贵过鸡蛋、猪肉等肉类产品，甚至有些地区价格疯涨超过100倍。一方面人民都喊着吃不起大蒜，整个大蒜市场混乱不堪，另一方面种植大蒜的农民赚了个盆满钵满。第二年为了追求更多的利益，上一年获得巨大收益的农民选择扩大大蒜的种植面积，其他人也趋之若鹜，纷纷花费大量金钱、精力来种植大蒜。

结果可想而知，市场上大蒜出现供过于求的情况，再加上政府对大蒜的保健作用进行了辟谣，食用大蒜的热潮已过，大蒜的价格开始持续暴跌，最后还低于往年正常水平。那些急于跟风的农民不仅没有赚到钱，反而因为大蒜大量积压，损失惨重。

事实上，类似的事件总是层出不穷：哪一个农副产品价格高了，卖得好了，人们便开始跟风大量地种植，不惜砍掉原有的农

作物，投入大量的金钱、物力、人力，结果成本提高了，市场过剩了，产品价格自然就低了。

可问题还不仅仅如此。这种情况不仅影响种植产品的农民、商家、消费者，还影响着整个国家的经济发展。在扩大种植面积的过程中，农民所投入的成本增加，包括人工、化肥、蒜头、土地使用费用等等，虽然之后产品价格也有所提升，但依旧无法赶上成本增加的速度，从而导致人们的收入也大幅下降。随之而来的是，农民和商家为了利润而提高产品价格，把成本转嫁到消费者身上，促使物价上涨。

也就是说，当某种商品成本增加的速度明显高过了产品的提价速度时，消费者的利益就可能受到影响。而衡量这个情况的经济指数就是PPI。

对于很多人来说，PPI还是一个十分陌生的概念。PPI就是生产价格指数的简称，是反映某一时期在生产中所产生费用的一种指数，被称为是国家经济发展状况的"体温表"。它主要体现了商家角度的价格变化，描述了国内生产商获得销售价格平均变化。

PPI升高了，就说明企业的成本提高了，盈利减少了。但是，PPI升高并不意味着企业必然出现亏损的情况，若是企业把成本转嫁给消费者，提高产品的价格，还可能出现盈利的情况。当然，影响PPI升高的因素有很多，包括市场竞争、原材料价格、人员投入等等因素都可能促使PPI提高。

政府调查PPI指数并不需要调查所有商品，只需调查最重要的商品价格就可以，每个国家会根据自己的产业结构、消费结构进行选择。在我国，需要调查PPI的商品分为8大类，分别是燃料、动力类，有色金属类，有色金属材料类，化工原料类，木材和纸浆类，钢材、木材、水泥等建材类，农副产品类和纺织原料类。由于食品价格直接受季节变化的影响，能源价格也经常出现意外波动，所以在调查商品的价格变化情况时，通常会把食品和能源价格的变化剔除，而所得出的经济指标就是核心生产者物价指数。

通过观察PPI，我们可以得知通货膨胀率变化趋势，所以它是观察通货膨胀水平的重要指标。一般来说，PPI持续上涨，那么就会出现通货膨胀的情况。商家把成本转嫁给消费者，商品价格上涨，那么消费者手中的钱就会贬值，购买力就会减少。

另外，PPI与CPI有着千丝万缕的联系。CPI就是居民消费价格指数，是反映居民家庭一般所购买的商品和服务价格水平变动的经济指标。在正常情况下，PPI对CPI有影响，与PPI相比，CPI是一个滞后的指标。

PPI升高之后，CPI也会随之提高。PPI对CPI有一定的传导作用，生活资料出厂价格变化直接影响CPI的变化；生活资料出厂价格的变化，直接影响着企业成本的变化，间接影响CPI的变化。

比如，小麦的价格上涨就会导致面粉、面条、面包、方便面等一系列产品的价格上涨。随之而来的，消费者所购买的商品和服务的价格也会上涨。也就是说，PPI与CPI的增长往往是保持一致的。

总之，PPI对于每一个企业和个人都是非常重要的。对于企业来说，成本升高，就会亏损；对于个人来说，企业的成本转嫁让自己的生活受到影响，货币贬值，继而会导致通货膨胀。

第三节 你幸福吗？问一问GNP

前面我们说了，GDP是国家经济状况的"晴雨表"。这里还有一个非常重要的经济指标——叫作GNP，即国民生产总值。它们之间有非常密切的联系。

GDP是一个国家国境内所有的价值的综合，不管是国内企业创造的价值还是国外企业创造的价值都应该统计在内。可这种计算不免有些偏颇，比如美国企业在我国的投资计入我国的GDP，可我国在美国投资的企业却不能计入。因此，这无法精确地衡量我国的经济富裕程度。

这个时候，GNP指标就派上了用场，它只计算本国人民创造的价值，与外国企业无关，与国外的国人有关。如果你还不明白，不妨看这个事例：

某企业吸引外资来国内投资，同时也在国外有投资项目。一年后，前来投资的外国企业创造了100万的生产总值，国内的这家企业在国外创造了50万的生产总值，在国内创造了200万的生产总值。那么如果计算该企业为国家GDP做出的贡献，应该是200+100=300万；计算该企业为国家GNP做出的贡献则是

200+50=250万。

因此，GNP更能体现一个国家的富裕程度和国民的富有程度，尤其是在对外贸易高速发展和经济全球化的大环境下，这个指标更能真实地反映国民生活水平。国内外资企业创造的价值再大，也不是本国的。GDP更注重强调国民性，而GNP更注重强调地域性。

但是还有一部分人不同意这个观点，他们认为GNP应该反映某一国常住者留在本国的总收入，与是否是外资企业无关。如果一个外资企业在中国投资、生产、赚取利润，只要其利润没有汇回本国，也没有在本国进行再投资，那么这笔收入仍可以计入我国的GNP。但是如果企业把利润汇回国，或是在本国进行再投资，那么就不能计入我国的GNP。可事实上，这种情况很难把握，我们根本无法精确地判断该企业是否一分钱都不进行本国投资。

同时，根据GDP与GNP的区别来判断一个国家是资本流出还是资本流入。当一个国家的GDP大于GNP时，说明它处于资本流入大于流出的发展阶段；而当一个国家的GDP小于GNP时，说明它处于资本流出大于流入的阶段。目前，欧美发达国家主要是资本净流出国，而发展中国家则主要是资本净流入国。这就意味着欧美国家的经济水平比发展中国家高，居民生活水平和财富水平也明显高出很多。

换一句话说，一个国家若是GNP指数高，那么人民生活水平也相对比较高，更能过上幸福的生活。现在政府每年都公布GDP和GNP指标，现在已经被GNI（国民总收入）取代了。2010年我国的

GNI是411265.2亿元，GDP是413030.3亿元，而到了2018年我国的GNI是824828.4亿元，GDP是827121.7亿元。

这说明我国的GDP大于GNI，依旧属于资本流入大于流出的发展阶段，是资本净流入国。不过，我国经济高速发展，短短7年内GDP和GNI都翻了一番，国民生活水平提高，幸福指数也有所提高。

最后还需要注意，GNP指数有一些缺陷，那就是它忽略社会成本和经济发展的付出，不能正确地核算出一个国家的经济增长的效率，更不能反映社会财富的分配情况。

第四节 收入越高，家庭越富裕？得看看恩格尔系数

随着经济发展速度越来越快，我国的GDP呈现快速发展趋势，居民的工资水平和消费水平也持续提高，那么这是不是意味着所有的家庭越来越富裕，生活水平越来越高？

其实答案并不是肯定的。这还要看居民的消费支出以及一个重要的经济指数——恩格尔系数。这是因为生活水平提高的衡量尺度不仅包括收入水平，还包括消费水平。居民的消费支出包括一个家庭日常生活的全部支出，包括食品、衣着、家用电器、医疗保健、交通通信、娱乐休闲、居住等等，它反映了一国居民的

第 2 课 为什么 GDP 快速增长,我们的钱还不够花

物价消费水平。

而正所谓民以食为天,食物是人类生存的第一需要,即便是收入水平低下,人们也不得不解决温饱的问题,所以它在消费支出中的比重和地位都是非常重要的。我们这里讲的恩格尔系数,就是食品支出总额占个人消费支出总额的比重。一个家庭收入越少,家庭支出中用来购买食物的支出比重就越大;反之,家庭收入越多,用来购买食物的支出比重就越少。

而对于一个国家来说,一个国家越贫穷,每个国民的平均消费支出用于购买食物的支出比重就越大,而随着国民收入的增加和国家的富裕,这个比例就会随之下降。也就是说,一个家庭的恩格尔系数越小,经济就越富裕,生活水平就越高。

举个例子,郑先生和妻子都是职场白领,每年的年收入是20万元人民币。对于普通家庭来说,这个家庭的收入也算是比较高了,可是计算完消费支出之后,我们发现这个家庭的富裕程度并不高。

不妨来计算一下。郑先生的房子是贷款买的,每个月需要还款4800元,而日常生活消费包括食品消费每个月4000元,交通和电话费用每个月1000元,水电费每个月1000元,衣着和化妆品费用每个月1000元,娱乐休闲每个月1000元至2000元不等。除此之外,郑先生的孩子刚满2周岁,每个月奶粉钱需要3000元以上,辅食1000元,玩具费用每个月500元,衣着费用每个月500元。

根据联合国粮农组织提出的标准，恩格尔系数在59%以上的家庭为贫困，恩格尔系数在50%-59%之间的家庭为温饱，在40%-50%之间的家庭为小康，在30%-40%之间的家庭为富裕，而低于30%的最为富裕。

可以看出，郑先生的消费总支出还是比较高的，且食品消费支出占总支出的40%以上，生活质量其实并不高，也不能算是富裕的家庭。

同时，除了满足最基本的穿衣和温饱问题，生活必需品种类的提高以及范畴的扩展也体现了居民生活的富裕程度。20年前，汽车、洗衣机、电视机、电话是奢侈品，今天它们成为生活必需品；10年前，电脑、智能手机是奢侈品，今天也成为生活必需品；三五年前智能家电是奢侈品，现在也走入寻常百姓家。这意味着我们的生活越来越富裕，生活水平越来越高。

第五节　缺钱的时候，政府为什么不开印钞机

钱越多越好，这是人们普遍的认识。钱多了，买得起的东西就越多，生活水平就能提高，经济发展也就有了保障。所以当人们看到"某某国家出现财政困难""某某国家因为缺钱而负债累累，甚至破产"的时候，不禁疑惑地问：既然货币是国家发

行的,那么政府为什么不多印些货币?钱多了,财政不就不困难了?

当然不行!要知道,货币的发行并不是越多越好。一个国家的货币发行量是根据货币的需求量定制的,而货币需求量并不是指一个人或是一个国家心中想要的那个数量,而是人们是否愿意把自己的多少财富转化为货币。它不以人们的意愿为依据,而是一种有效需求,是个人或者企业能力与愿望的结合体。

简单来说,一个国家发行多少货币,不是个人或是政府说了算的,更不是想印多少就印多少的,而是必须以货币需求规律为依据,必须与流通中实际需要的货币量保持一致,否则就会影响国民经济的发展和人民生活的稳定。比如某国家出现财政问题,政府急需资金来渡过难关,可若是不顾本国实际市场需求,大肆发行货币,那么就会导致纸币的发行量超过流通中所需要的数量,引起纸币贬值、物价上涨,从而促使通货膨胀的发生。

其实这与"一分钱一分货"的道理相通,这里的货币就是"货",在真的"货"需求没有增加的情况下,市场上的"货"越多,那么你的"货"就越不值钱,能够买到的东西也就越少。

那么,既然如此,是不是发行的货币越少,对于个人和国家也就越好呢?当然也不是。如果一个国家发行的货币量少于流通中所需要的货币量,人们会攥紧手中的钱,不肯将资金用于消费,那么商品的流通就会出现问题,从而导致通货紧缩,同样不利于国民经济的发展。

总结起来,货币的发行量不是越多越好,也不是越少越好,它必须以流通中实际需要的货币量为依据，受其规律支配。那么，货币需求究竟受到哪些因素的影响呢？

首先是国民的收入水平。一般来说，人们的收入提高了，社会财富增多了，购买力就会有所提升，使得支出会相应扩大。而支出扩大之后，货币在经济生活中的需求和流通也会不断增加。

其次是商品和劳务价格。在商品和劳务量既定的条件下，价格越高，货币需求也会随之增多。

第三则是利率。货币需求与利率是成反比的，利率升高，人们持有的货币就会增值，往往更愿意购买生息资产以获得高额利息收益，从而导致货币需求量较少；相反，人们持有货币的利息降低，就更愿意增加消费，从而使得货币需求增加。

第四是货币流通速度。货币流通速度就是在一段时期内，单位货币的平均周转次数。在商品与劳务总量不变的情况下，货币流通速度越快，现实中货币需求量就会越小；相反，货币流通速度越慢，现实中货币需求量就会越大。

除此之外，国家的体制变化、财政收支、民族特性、人们的生活习惯等也在一定程度上影响着一个国家的货币需求。

再回到最初的问题，当一个国家缺钱的时候，并不是打开印钞机多多地印刷纸币就可以解决问题的。相反，这只能让本国货币贬值，物价上涨，不利于国家经济的发展和人民生活水平的提高。只有了解国民经济的发展状况，对国民经济进行宏观调控，发行符合实际需求的货币量，才能从根本解决问题。

第六节　你的财产与时间也有关联

本杰明·弗兰克说:"钱生钱,并且所生之钱会生出更多的钱。"这就是货币时间价值的体现。货币的时间价值告诉我们,今天的1元钱就不是一年后的1元钱了,不管你是用来储蓄还是手持货币,1元钱要少于1年后的1元钱。

那么究竟什么是货币的时间价值呢?货币的时间价值主要体现在货币的投资上,时间长了,投资就会增值,而这增加的价值就是货币的时间价值。

在日常生活中我们需要重视货币的时间价值,否则就相当于放弃了货币所能为我们带来的收入。比如,在现代社会,很多年轻人喜欢超前消费,为了提前住上房子,选择贷款按揭;为了满足日常生活,选择使用信用卡。可超前消费和存款买房,究竟哪一个更好呢?

比如,你看中了一套价值300万的房子,而你手中只有100万,是选择先付100万首付款,然后再每个月按揭5000元还是选择把100万存进银行,等到赚够这300万之后再买房子呢?

我们知道手中的钱远比未来的钱更有价值,可货币的时间价值除了用于投资外,还体现在通货膨胀对货币价值的影响。现在物价越来越高,通货膨胀每时每刻都在发生,那么在通货膨胀的影响下，我们手中的100万将不可避免地发生大幅缩水，实际价值、实际购买力将会大大下降。如果平均每年的通胀率是6%，那么如果把钱放在手中，不去进行投资，那么12年之后，这笔钱的实际购买力还不足50万元。

再比如，你看中了一套价值100万的房子，是选择付全款还是选择先付20万首付款，然后再每个月按揭2500元呢？同样的道理，若是你选择后者，然后用剩下的80万进行投资，发挥其货币的时间价值，那么你就可以为自己赚取更多的财富。

同时，从金融学的角度来说，今天的一单位货币与未来的一单位货币的购买力是有差异的，它受到国家的调控和经济发展变化的影响。一般来说，今天你所拥有的货币价值绝大多数是超过未来同样金额的货币价值的。

举个例子：

你存入银行1万元钱，一年后本息收入是10175元。可若是这一年内物价上涨了2%，那么今天你1万元可以买到的商品，一年后就上涨到10200元。也就是说，今天的1万元到了一年后只相当于9975元，你直接亏损了25元。你的财产不仅没有增值，反而缩水了。

也就是说，今天你手中的1元钱，在一年后究竟是多于1元钱还是少于1元钱，取决于利率上涨速度是否高于物价上涨速度。当你把钱存到银行，若是跑不赢通货膨胀，那么就会出现越存越少的情况。若是你不存到银行，也不投资，只选择手持货币，那么财产缩水的情况将更严重，你连银行所支付的175元利息你都得不到。

正因为如此，我们时常在报纸上、网络上看到这种的新闻：某小学生把压岁钱存入银行，谁知几年后去取钱发现，329元只剩下181.66元，利息只有20.66元；10年前1万元钱可以买一台电视机、一台冰箱、一台空调，而今天1万元钱只能买其中两项，或是其中一项。

对于任何人来说，货币的时间价值都是不容忽视的，即便你忽视了它，它也不会忽视每一个人。那么我们应该如何利用货币的时间价值呢？

首先，让资金流通起来，将货币的时间价值最大化。资金的流动和货币的时间价值成正比，资金的流动越快，利用率越高，那么理想情况下产生的时间价值就越大。所以，不要只想着把资金存入银行，也不要手持货币，多用来投资理财，才能让自己的钱越来越值钱。

其次，只有在生产领域和流通领域，才能体现出货币的时间价值。所以我们要进行消费，改变自己的消费观念和消费行为。

时间就是金钱。货币的时间价值告诉我们，投资和理财要尽早，不要让资金过于闲置。当然，在投资和理财的过程中，我们要关注经济发展态势，不可忽视了通货膨胀的影响。

第七节 富者越富、贫者越贫的"马太效应"

1968年，美国科学史研究者罗伯特·莫顿提出一个概念：任何个体、群体或地区，在某一个方面（如金钱、名誉、地位等）获得成功和进步，就会产生一种积累优势，就会有更多的机会取得更大的成功和进步。概括起来就是多者愈多，少者愈少。

之后经济学家和社会学家拿来借用，反映两极分化的社会现象，富人越来越富有，穷人越来越贫穷。这就是我们熟知的"马太效应"。

那么为什么会富人越来越富，穷人却越来越穷呢？这与基尼系数有着密不可分的关系。基尼系数用来综合考察居民内部收入分配差异状况的一个重要分析指标，是全部居民收入中用于不平均分配的百分比，最小等于0，最大等于1。基尼系数越大，说明全部居民收入分配就越不平均，贫富差距就越大；相反，基尼系数越小，说明社会收入分配就越均衡，贫富差距就越小。

事实上，基尼系数是从洛伦兹曲线中衍生出来的，我们在详细地了解基尼系数之前先了解一下洛伦兹曲线。

1905年统计学家洛伦兹提出了绘制洛伦兹曲线的方法，他先绘制一个长方形，高代表社会财富，并且把社会财富五等分，然后用长代表100个家庭按照由贫到富的顺序，从左向右进行排列，这100个家庭也进行五等分。也就是说最左边的20个家庭是最穷的、收入最低的，以此类推。

然后把每个家庭所拥有的社会财富百分比看作一个点，将这些点连接起来就形成一条曲线——洛伦兹曲线。而这条曲线反映的系数就是基尼系数。

通过这个曲线，我们能明确地看出社会上的财富是如何分配的，穷人和富人之间的差距有多少。社会贫富差距越大，这个曲线的坡度就愈大，而贫富差距过大的话，基尼系数就会失衡。

当今社会，不管在哪个国家都存在着贫富差距，不过是有的国家贫富差距大，有的国家贫富差距小。世界各国对于基尼系数的理解有所不同，绝大多数国家认为0.3–0.4是属于社会整体收入分配比较合理的水平，而当这个数值达到0.5时，说明贫富差距比较大，甚至出现贫富两极分化的现象。

那么我国的贫富差距如何呢？来看下面一系列数据。2017年，我国的基尼系数为0.467，已经超越了警戒线，直逼0.5这一数值。而在2008年时，这个数值高达0.491。2011年，西南财大进行了《中国家庭金融调查》活动，对国民的贫富差距进行了调查，结果显示我国的基尼系数为0.61。这个数值是比较大的，说明我国贫富差距也比较大。之后几年这个数值持续呈下降趋势，直到2015年又有所回升。

为什么我国的国民收入差距如此大呢？

这主要有几方面的原因：首先，不同行业人群的收入差距较为悬殊，人均工资水平最高与最低行业的差距越拉越大。第二，城乡人均可支配收入差距越来越大，农民收入增加速度缓慢。第三，不同地区人群的收入差距较为悬殊，上海、北京、浙江、天津等沿海发达地区经济发展迅猛，收入水平持续攀高；而青海、贵州、云南等内地经济落后地区经济发展缓慢，收入水平增加速度缓慢。

还有一个重要原因，民营经济的发达也促使贫富差距越拉越大。20世纪90年代，虽然下海创业的人不少，但是受经济发展的限制，巨富并不是非常多，而且资产也并不是太高。随着经济的发展，尤其是互联网科技产业和房地产行业的兴起，一大批民营企业的实力越来越强。

从2000年到2017年，中国富豪榜的排名不断更迭，财富不断攀升，而世界富豪榜也频繁出现中国民营企业家的名字。有钱人越来越多，有钱人越来越有钱，虽然穷人的生活水平也快速提高，但是贫富差距却也越来越大。比如，2018年北京人均年工资收入为94258元，可事实上高收入者年薪达20万至30万，可低收入者年薪却只有2万至3万。绝大部分工薪阶层的月工资水平维持在五六千的水平，还有很多拿着最低工资标准的低收入者。

这种现象不仅仅存在于我国，全世界的国家都是如此。就全世界而言，日本是世界基尼系数最低的国家之一，在

2013年基尼系数仅为0.27,是历史最低数值。之后,日本的基尼系数逐年上涨,贫富差距越来越大。而美国作为超级大国,经济发展数一数二,基尼系数也不算低,持续达到了0.4的警戒线。2018年全球贫富差距最小的国家是瑞典,基尼系数最小。

可以说基尼系数高不利于一个国家经济的发展,因为贫富差距过大就会影响社会发展,还可能导致部分人"仇富"。更为严重的是,贫富差距过大可能会导致社会结构的变化,导致社会结构失衡,从而激化阶层之间的矛盾。

当然,贫富差距是社会经济发展的必然产物,富人创造的财富多,投资和再投资多,自然就越来越富有。而生产力不发达的时期,贫富差距是不明显的。人们共同居住,共同狩猎,即便有人得到的东西多,有人得到的东西少,可差距不会太大——毕竟人们创造出的财富和价值是有限的。可随着人类社会的不断进步,人们创造的社会财富越来越多,由于种种原因有的人开始锦衣玉食,有的人却依旧食不果腹。不管这种情况是什么原因造成的,贫穷的人开始越来越不平衡和不满,想要重新分配社会财富。于是,在封建社会,就出现了农民起义,推翻统治者的政权。而现代的社会,低收入者越来越不满,对国家和社会充满抱怨,对富人充满仇恨,从而引起社会的不稳定。

所以,我们应该重视这个指标的变化,它不仅是国民收入整体差距的体现,更是社会稳定性的一种反映。也正因为如此,我们政府始终致力于改变这种贫富差距悬殊的情况，通过市场调控和政府调控的方法来缩小贫富差距。比如我国通过加强对高收入人群的税收调控、支持内地贫困地区的经济发展、支持农业经济的发展以及通过财政保证低收入人群的社会保障等措施来协调贫富差距的问题。

总体来说，我国的基尼系数虽然超过了0.4，但是与我国的特殊国情有着不可分割的关系。而且中国正处于高速发展中，贫困人口的数量在逐渐减少，人民的生活水平也得到飞速提高，所以，目前中国的基尼系数还处于合理和可控的范围内。

第3课 可怕的金融"流感"：
别拿通胀不当祸害

很多人感慨工资越来越高了，手里的钱也越来越多了，可生活水平并没有明显提升。这是因为我们的钱贬值了，购买能力降低了——通货开始膨胀了。这通货膨胀就像是可怕的流感一样，给个人生活和国家经济都带来了巨大的压力。

第3课 可怕的金融"流感":别拿通胀不当祸害

第一节 资产越来越贬值,这究竟是为什么

我们发现生活越来越富裕了,工资越来越高了,购物能力越来越强了,可另一方面,手中的钱多了,能买到的东西却少了。也就是说,我们手中的钱越来越不值钱了,购买力变得比之前小了。这究竟是为什么呢?

其实,我们之前讲货币的时间价值时已经谈及了这个问题。没错,钱越来越不耐用,都是通货膨胀造成的。

通货膨胀,是在纸币流通条件下,货币供给大于实际需求,从而导致货币贬值、物价上涨的现象。在通货膨胀的影响下,物价水平呈持续而普遍上涨的趋势,人民的购买力下降,生活水平也有所下降。

具体来说就是我们手中的钱还是那么多,可是买到的东西越来越少。因为原本价格是1元的东西,现在却需要2元至3元。比如,原本一份报纸是0.5元,现在平均1.5元至2元;原本猪肉五六元一斤,现在却上涨到十五六元一斤;原本方便面1元一包,现在却上涨到2.5元一包。全国各大城市的房价也是屡创新高,10年前每平方米几千元,而现在每平方米则高达几万元……

可有人也会说,现在人们的工资水平也上涨了,原本月工资为两三千元,现在月工资达到了八九千,知识密集型人群的工资

则达到了一两万,甚至更高。确实如此,随着经济的发展,人们的生活水平提高,工资得到持续提升,手中的钱也越来越多。可问题的根本在于,工资提升的速度比不过物价上涨的速度,利率上涨的速度也比不过货币贬值的速度。

米尔顿·弗里德曼就说过这样一段话:"通货膨胀开始的数月或数年,就像饮酒刚开始的几口,感觉很不错。每个人都有足够的钱花,物价的上涨跟不上金钱的增加。只有当物价迎头赶上的时候,其后遗症才开始显现。"

那么是不是说,物价上涨就必然引发通货膨胀呢?并不是如此,这要看物价上涨是否具有普遍性,若是某些物价因为供求关系、原料紧缺的原因而上涨,那么并不会引发通货膨胀;可若是市场上的绝大部分商品的价格都上涨了,那么我们就可以断定发生通货膨胀了。

不过需要注意的是,通货膨胀通常具有迅速的传导性,任何一种商品的涨价都可能导致其他商品随之涨价,从而造成整个社会的物价上涨。比如,面粉是制作方便面的重要原料,若是面粉价格上涨,那么方便面的价格就会随之上涨。某一品牌方便面的价格上涨,那么其他品牌也会上调价格,导致市场上方便面的价格普遍上涨。随之而来的是,制作方便面的原料也上调价格,其中除了面粉之外还包括棕榈油、辣椒、马铃薯、淀粉等主要原料。而这些原料价格上涨之后,与其相关的食品价格也会调价,从而导致整个食品行业价格都在上涨。

正因为如此,国家会出台相关经济政策来控制商品价格,或是利用市场进行调控，或是利用政府行政干预进行调控，以避免部分商品价格持续上涨的情况发生。

当然，通货膨胀的危害还不只是物价上涨、生活压力变大那么简单。通货膨胀也会影响到个人投资和企业投资，可以说，它是投资者的最大敌人。这是因为一旦出现通货膨胀，那么投资者获得的实际利润就会降低，成本则会有所增加，促使企业减少投资规模。

比如，某投资者在食品行业投资1000万，如果通货膨胀率是5%，那么在15年之后，他投资的钱的实际购买力就减少一半。也就是说，1000万的投资在15年之后，实际货币价值只有500万。更可怕的是，投资者财产减少的速度会持续加快，仅过5年之后将再减少一半。

再比如，很多老人喜欢把钱存进银行，可若是你现在存入10万元，那么在通货膨胀率为7%的情况下，老人的钱会严重贬值，15年之后这10万元的实际价值只剩下一半。

通货膨胀意味着你手中的钱开始不值钱，生活水平不仅没有提高反而还可能下降，但是人们也没有必要提到通货膨胀就谈虎色变。当出现通货膨胀时，我们应该采取不同的办法加以应对。政府应该积极采取措施，比如上调存贷款利率、提高金融机构的存款准备金率，实行从紧的货币政策等等；而作为个人，我们应该谨慎投资，避免投资股市、房地产等领域，以免遭受巨大的损失。

第二节 除了股票不涨，什么都涨

物价上涨了，钱不值钱了，所以人们的生活水平也受到很大影响。而这个时候，人们谈论最多的话题就莫过于CPI。前面我们说到，CPI就是居民消费价格指数，与PPI有着千丝万缕的联系。

对于任何人、任何行业来说，物价上涨都不是一件好事。这是因为每一类消费品价格上涨，都会带动其他类商品价格的普遍上涨，最后导致居民日常生活所需品价格发生变化。

举个例子：

2019年年初，猪肉价格持续上涨，五花肉从2月份的11.5元/斤上涨到4月初的14.5元，涨幅达到26%。而到了4月中旬，全国16个省市瘦肉型白条猪肉出厂价格平均值为15.07元/斤，环比上涨1.1%，同比上涨46.3%。

猪肉价格的上涨也影响着其他商品价格的逐渐攀升。2019年5月，畜禽产品包括羊肉、牛肉、鸡蛋和白条鸡都涨了价，还有鱼类、水果、蔬菜、油盐酱醋，甚至连方便面都涨价了。有人甚至发现饭馆内菜品价格也随之上涨，尤其是猪肉类、鸡肉类菜品，价格都有上浮的趋势。

由此可见，物价上涨往往是一种连锁反应。猪肉涨价，随之而来的是居民日常必需品价格的上浮，除了股票不涨之外，什么都涨了。于是人们想要维持之前的生活水平就必须花更多的钱去买这些商品，从而促使老百姓日常生活费用增长。

而衡量人们日常生活费用增长的指标就是CPI，它能够如实地反映出老百姓最关心的物价对生活的影响这一问题。人们为商品和劳务支付的钱多了，CPI数值就会上涨，相反就会下降。而一旦CPI的涨幅过大，就会导致人们生活水平下降，发生严重的通货膨胀，甚至影响正常的经济秩序。

那么是不是所有商品价格的变化都能影响CPI指数呢？并非如此。我国CPI指数是按照食品、烟酒及用品、衣着、家庭设备用品及服务、医疗保健及个人用品、交通和通信、娱乐教育文化用品及服务、居住这八大类来计算的，这八大类权重总和加起来是100。其中食品比重最大，包括粮食、肉禽以及制品、蛋、水产品、鲜菜、鲜果。

可以说，食品在CPI中占有最主要的地位，是CPI最为直观的表现。这是因为食品关系着每一个人的生存和生活，也正因为如此，食品价格上涨幅度大，就很可能导致CPI指数变化幅度大。

近几年，频繁出现绿豆、大蒜、猪肉、鸡蛋、生姜大幅度涨价的情况，绿豆价格平时每斤三四元，最高飙升到每斤10元；大蒜价格平时每斤两三元，而最高达到每斤十几元。就在大家都在戏说"豆你玩""蒜你狠"之际，大部分食品都加入涨价行列，于是，菜贵了，肉贵了，油贵了，蛋贵了，所有的东西都变得贵了。而这些商品价格的变动都体现在CPI上，人们的眼睛也都开始盯着这个数值的变化。

对于任何情况来说，CPI都不是一个冷冰冰的数据，它来源于老百姓日常生活，同样也影响着我们的生活。同时，一国的CPI指数通常是不会出现大起大落的情况的，除非爆发了金融危机之类的突发事件。

而与其他数据相比，CPI是一个相对滞后的指数，但是它却对于改变人们的生活有着非常重要的作用。它是人们生活质量好不好的标准，也是观察通货膨胀水平的重要指标。比如，过去的12个月内，如果CPI上涨2.3%，那么就意味着当下人们的生活成本比同期高出2.3%，货币随之贬值2.3%。也就是说，过去100元人民币，现在只能购买到价值97.7元的商品或服务。

一般来说，当CPI增幅大于3%的时候，就会引发通货膨胀，当CPI增幅大于5%的时候，就已经发生了严重的通货膨胀。

同时，CPI是反映投资环境的工具之一。当CPI升高时，随着物价的上涨，股票的价格也会开始上涨；相反，CPI降低，股票价格也会降低。人们可以根据CPI指数的变化来判断是否投资以及投资的比例。

所以，作为一个普通消费者，我们应该对CPI上涨做好长期打算，一方面合理调整家庭消费支出，一方面进行合理的投资，如此才能在CPI不断上涨时，减轻物价上涨的压力。

第三节 通货膨胀也不完全都是坏事

通货膨胀之后，物价上涨，货币贬值，人们的生活水平有所降低，那么通货膨胀真的完全是坏事吗？对于个人和企业以及经济发展来说，有百害而无一利吗？

事实并非如此。

通货膨胀有轻重之分，它是有害还是有利，关键看是何种程度的通货膨胀。按照程度不同，通货膨胀可以分为温和的通货膨胀、受抑制的通货膨胀、快速的通货膨胀、恶性的通货膨胀。

其中，温和的通货膨胀的通货膨胀率基本持续在2%-3%，并且始终持续稳定。很多经济学家认为这种通货膨胀是有益的，可以刺激国家经济增长，促进居民生活水平的提高。

在经济发展的过程中，温和的通货膨胀可以促使物价上涨1%-2%，最多也不会超过5%，就像是润滑剂可以促进机器更好地运转一样，适当的物价上涨可以使得企业获得更多利润，从而提高投资的积极性。而企业投资的积极性高了，居民的工资水平随之提高，经济也会随之良性增长，促进国民生活水平稳步提高。

受抑制的通货膨胀又被称为隐性的通货膨胀，顾名思义，在某一阶段内社会经济存在着通货膨胀压力，或是潜在的价格上涨危机，不过由于政府实施了价格管制政策，使得通货膨胀并没有真正发生。可若是政府政策不及时或是不到位，那么通货膨胀就会随时发生。

也就是说，只要是政府有能力对经济进行调控，对价格进行管控，出台相关经济政策和测试，比如调整存贷款利率、限制某些商品价格、严禁哄抬物价，那么通货膨胀就不会发生，自然也就不会产生坏的结果了。

比如，2017年10月，我国CPI指数增幅为1.9%，比上一个月上升0.3%，其中，通信、交通、家庭服务类商品价格上涨最快，而食品类价格则出现了下降的趋势，其中包括猪肉、鲜果类商品的价格都在下降。最为重要的是，这已经是连续9个月CPI指数持续上涨。

很多人认为我国存在着受抑制的通货膨胀，如果政府不及时采取措施，那么通货膨胀很可能在未来的某一阶段爆发。为此，政府坚持实施稳健的经济政策，收紧货币政策，利率中枢总体稳中有降，并且引导金融机构加大对小微企业支持力度，从而促使经济发展保持稳固。

也就是说，每年的物价上涨率不会超过2.5%，则不被认为是通货膨胀，它对于人们生活和国家经济发展不是一件坏事。受抑制的通货膨胀由于在政府相关经济政策和措施的监管下，对于经济发展也没有明显的不利影响。

然而，若是通货膨胀率达到或是高于5%，那么就会导致东西越来越贵，居民的生活压力越来越大，国民经济不稳定。比如快速的通货膨胀。

第3课 可怕的金融"流感":别拿通胀不当祸害

快速的通货膨胀,也被称为急剧的通货膨胀,在某段时间内,通货膨胀率不仅过高,可以达到10%以上,而且物价上涨的速度飞快,从正常水平快速飙升为人们难以承受的水平。

1937年6月至1949年5月,我国就发生了快速的通货膨胀,国民政府入不敷出,收支差额悬殊,于是便开始大量印刷法币,这导致纸币发行量增加了1445亿倍,物价上涨了4万亿倍。这也使得快速的通货膨胀发展为恶性通货膨胀,人们对法币信心全无,整个金融市场一片混乱,社会经济也受到严重破坏。

之后,解放战争爆发,为了扩张军资,国民政府继续加大纸币发行量,通货膨胀持续恶化,促使上海物价比战前上涨了4927000倍。据相关数据显示,在1937年6月,人们可以用100元法币购买两头黄牛,可到了1948年上半年,这100元法币却只能购买0.0024两(当时每斤为10两)大米。

当通货膨胀迅速恶化,发展为快速的通货膨胀,甚至是恶性通货膨胀时,不管是对于个人、企业,还是国家经济发展来说都具有非常大的危险,甚至可能导致社会动荡、政府倒台。

20世纪80年代,阿根廷、玻利维亚、巴西就发生了恶性通货膨胀,随之而来的是外债危机、金融混乱,政府经济彻底崩溃。因为这样的通货膨胀已经失去了控制,存在着非常大的危险性,即便是政府极力对物价进行调控和管制,也很难扭转局面。

第四节 通胀是难题,甩也甩不掉吗

通货膨胀无所不在,没有一个国家从未发生过通货膨胀,而且它长期地存在于大多数国家中。据伦敦商学院统计,在20世纪的100年里,美国的年均通货膨胀率为3.2%,英国为4.1%,德国的通货膨胀率要比其他国家高一些,达到5.2%,而日本则高达7.7%……

到了21世纪,各国经济发展速度极快,但是仍摆脱不了通货膨胀的纠缠,甚至有些国家发生了非常严重的恶性通货膨胀,不仅使得经济发展遭受重大损失,人民生活水平持续降低,还威胁到社会的稳定、国家的安定。

2008年,津巴布韦发生恶性通货膨胀,7月官方公布的通货膨胀率高达2200000%,这可是一个天文数字,创下了金融史的一项世界纪录。可这还没有结束,津巴布韦的通货膨胀持续恶化,央行发行了面值5亿、25亿和50亿新津元纸币,到了2009年1月,政府发行的津巴布韦元面值高达100万亿。

这导致津巴布韦发生货币危机,物价疯狂上涨,人民生活在水深火热之中。人们开始疯狂囤积日常生活必需品,包括面包、牛肉、食用油、瓶装水和啤酒开始配给供应。更为严重的是，津巴布韦的医疗系统面临崩溃，抗生素、消炎药等重要药品急剧短缺。

2009年4月，津巴布韦政府正式废掉本国货币，宣布以美元和南非币为流通货币，不过旧津巴布韦元还可以在市场上流通。然而，此时津巴布韦元严重贬值，一张公交车票竟然需要3万亿津巴布韦元。

那么是不是说人们对通货膨胀没有任何办法，无论如何也甩不掉这个大麻烦？并不是，之前我们也说过，通货膨胀率过高时，政府就会采取财政政策和货币政策来抑制通货膨胀，保障货币的价值。

具体来说，可以分为以下策略：

首先，国家会通过控制货币供应量，使得货币增长速度与产能增长速度保持一致，以防止通货膨胀的发生和发展。当通货膨胀率持续上涨时，政府降低货币供应量总量，改变货币市场供求关系，如此一来，货币就会升值、物价水平也会随之下降。

不过，这可能导致利率陡然上升，引起严重的经济紧缩，使得国民收入随之下降，同样不利于国家经济的发展。所以，很多国家都会谨慎使用这一策略。比如，1973年，智利发生军事政变，通货膨胀率快速上涨。为了抑制通货膨胀，政府便开始减少货币总量、削减政府开支。可这也导致一系列后果，之后智利经济严重衰退，国民收入下降了13%。

第二，政府应调整货币政策，比如利用升息来促进市场利率的上升。利息上升，企业的成本增加了，投资需求就会降低，资金流动就会缩减。同时，人们为了获得更多的利息，会选择把更多钱存入银行，这也进一步抑制了消费。

第三，调整产业结构和融资结构也可以促进经济的发展，有效地抑制通货膨胀。对于我国来说，粮、油、副食品等物价的持续上涨，很容易导致社会整体物价水平的提高，从而引起货币贬值，促使通货膨胀的发生。所以，我国政府致力于大力发展农业经济，促进能源、交通等滞后产业的快速发展。产业结构更合理，社会经济发展均衡，那么社会物价水平受农业产品的影响就会减弱，通货膨胀的发生率就会减少。同时，政府积极推进利率的市场化，完善融资结构的调整，使得金融行业更健全，能够更有效地防止短期资本的冲击，这样便可以有效地预防通货膨胀。

第四，当通货膨胀发生时，人们的生活水平和财产保值增值也会受到很大影响。所以，个人想办法选择合适的投资方式提高投资收益，也可以有效地抑制通货膨胀。

当通货膨胀率比较高的时候，投资者尽量不要把钱存进银行，这样只会让你的资产贬值。最好的办法就是进行投资，如购买国债、黄金等稳健性和安全性高的产品，千万不要投资股票和房地产。黄金不仅能够保值增值，还是应对恶性通货膨胀最佳选择。还有古董、艺术品也是不错的选择，保值作用也比较高。

当个人战胜了通货膨胀，资产和财富得到保值，那么物价水平的上涨就会受到抑制，国家也就能有效地抑制通货膨胀。

第五节　你可能不知道，还有个通货紧缩

货币供大于求，通货膨胀就会产生。相反，货币供不应求，通货紧缩随之而来。通货膨胀与通货紧缩是一对兄弟，对于经济的影响却同样可怕。

通货紧缩具体有哪些表现？

很简单，与通货膨胀恰好相反，物价普遍持续地下降，货币价值持续升值，有效需求严重不足，从而导致经济不景气甚至是衰退的景象。很多人认为通货紧缩比通货膨胀更要可怕，它是经济衰退的先兆，一个国家若是发生严重的通货紧缩，那么经济就会陷入萧条的漩涡中。

虽然人们手中的钱更值钱了，可是货币的功能是支付和流通，若是人们都持有货币，不愿意消费和投资，那么货币也就失去其真正的价值。也就是说，货币的价值是通过交易和流通体现出来的，政府和国家发行货币也是为了促进经济的发展、市场的流动，而不是让货币具有更高的价值。人人都持有货币，不把钱花出去，货币如何流通？经济如何发展？

而且，通货紧缩发生之后，随之而来的是企业效益的降低，失业人数的增加，个人和企业债务负担加重，经济发展的停滞不前，社会局面的混乱。

同样，并不是所有的通货紧缩都对经济具有严重影响，按照程度不同，通货紧缩可以分为相对的通货紧缩和绝对的通货紧缩，其对经济的影响也有所不同。

相对的通货紧缩。物价虽然还处于正增长状态，但是已经低于一国正常经济发展和充分就业所需的物价水平，通货处于相对不足的状态。这种情况的通货紧缩对于经济发展的影响是比较小的，可能会抑制国民的消费，促使企业利润空间有所减少。但是在这种情况下，如果政府不积极采取策略，促进企业加大投资，提高货币的流动性，那么就有可能使得通货紧缩程度加大，加重对经济发展的损害。

而当物价出现负增长，通货处于严重不足状态时，就会引发绝对的通货紧缩。根据物价绝对下降的幅度和持续的时间长度，可以把它分为是三个类型，即轻度通货紧缩、中度通货紧缩和严重通货紧缩。轻度通货紧缩，一般来说，物价负增长幅度不大，不超过-5%，时间不超过两年；中度通货紧缩，物价负增长幅度在-5%—10%之间，时间超过两年；当物价下降幅度超过-10%，且持续时间更长时就被称为严重通货紧缩。20世纪30年代世界性的经济大萧条，就是最为典型的严重通货紧缩。

我国也曾出现过比较严重的通货紧缩，1993年7月政府开始进行宏观经济调控，使得经济增长速度有所回落，经济出现不景气的情况。虽然政府对经济政策进行积极地调整，但是收效不大，投资和消费需求都增长乏力。1998年GDP增长率只达到7.8%，全年零售商品价格指数比上一年下降2.6%，居民消费价格指数下降

0.8%。企业投资增长缓慢，货币供应量M0、M1和M2的增长率出现大幅度回落。

通货紧缩导致我国当时房地产行业萧条，许多企业设备利用率下降，市场供给过剩情况非常严重，再加上1998年亚洲金融危机的影响，我国也爆发了金融危机，经济发展受损严重。

当然，通货紧缩并不一定会导致经济萧条，19世纪70年代美国物价持续大幅下降，直到90年代情况才有所好转。但是，当时美国经济并没有进入萧条期，反而一片繁荣的景象，经济飞速增长，居民消费水平也不断提高。这是因为美国西部大开发促使粮食大丰收，克菲勒财团、卡内基财团的兴起促使石油、煤炭行业高度发展，从而拉动了经济的飞速发展。

因此，若是发生通货紧缩，政府及时采取措施，充分发挥市场机制，刺激企业投资和增强企业活力，便可以使得国家尽快走出通货紧缩的困境。同时，政府还应该实行积极的财政政策，调整存贷款利率（降息）、下调法定存款准备金率。1996年到1997年，我国先后七次调低银行存贷款利率，以便刺激投资和需求，缓解了通货紧缩，促进了经济的新一轮增长。

除此之外，政府还应该积极增加政府公共支出，提高国民尤其是低收入者的收入水平，对具有较大增长潜力的高新技术企业实行税收优惠，以便刺激人们的消费和企业的投资。

总而言之，通货紧缩和经济萧条是一国经济发展的杀手，比通货膨胀更要恐怖。一旦通货紧缩和庞大的负债结合起来，那么一国经济就会面临巨大危机，甚至造成严重的财务问题。个人、企业和政府只有积极应对,刺激消费和投资,这样才不会掉入泥潭中。

第六节 产能过剩,全民幸福的"拖油瓶"

什么是产能过剩?我们不妨通过一个著名的例子来说明。

大部分人都可能听过一个故事叫《杰米扬的汤》,故事中杰米扬用鲜美的鱼汤来招待自己的朋友,朋友们也非常喜欢他的鱼汤。可是,杰米扬却一盆一盆地给朋友们盛鱼汤,朋友们早已喝得撑到喉咙口了,他却没有停止,最后人们纷纷离席而逃。

这个故事告诉我们,任何事物都应该有一个数量的界限,鲜美的鱼汤无疑是待客的佳品,但是过量就会让客人避之不及。市场上的商品也是如此,商品流通可以满足人们的需求,促进经济的发展,可过量了,就有可能造成灾难。

事实上,产能过剩就是生产出来的产品超出了社会需求,整个社会的生产能力总和大于消费能力的总和,即供过于求。需要注意的是,产能过剩是一个总量的概念,并不能简单地将某一行业或是领域的产品过剩就判断为产能过剩。比如,判断钢铁行业产能过剩的根据，并不仅仅是产品的积压。要知道，钢铁行业是一个多工序连续作业的行业，涉及工程建设、房产行业等各个领域，相对数量的产品积压可以说是正常状态，而不能把它称为产能过剩。

钢铁行业的专业人士曾经指出，判断钢铁行业是否产能过剩，必须考察以下六个指标：即产品库存持续急剧上升，销售呈现停滞状态；供求关系严重失衡，产销率（一定时间内已销售出去的产品数量与一定时间内生产的产品数量的比例）大幅度回落；较长时期内，产品价格低于成本；行业内大部分企业亏损，被迫举债经营；一批企业退出市场竞争，相继破产；进口贸易严重受阻，频繁发生国际贸易摩擦。当然，其他行业的产能过剩也可以参照这一系列的指标。

产能过剩对于一国经济的影响是非常巨大的，可以说是金融危机的致命杀手。最为重要的是，产能过剩之后即是通货紧缩。

有了产能过剩就有了通货紧缩，它们就像是一对如影随形的兄弟。与之前说的通货膨胀相反，通货紧缩发生之后，金融市场上货币价值持续升值，货币供应量不断减少，社会的物价水平和成本普遍下降，从而导致工资、利率、粮食、能源也随之持续下跌。

或许有人会说，通货膨胀会导致物价上涨，人们生活水平降低。那么物价下降了，岂不是对人们生活水平的提高有帮助？其实，通货紧缩并不是物价下跌、货币升值这么简单。当商品价格下降时，生产和销售该商品的生产者和销售者的积极性就会降低，因为他们的收益减少了。同时，当人们手中的钱也来越值钱时，人们就更不愿意消费了，从而导致居民消费水平越来越低。居民消费水平持续下降，工资水平也会下降，从而影响人们的生活水平。

久而久之，企业的投资会出现紧缩，不断地减产、缩减成本，甚至面临倒闭、破产的危险。而对于整个国家来说，企业破产必然导致失业率上升，社会经济不稳定。这时候，人们就会更加捂紧自己的钱包，不愿意进行消费……如此循环下去，一个国家的经济就会陷入产能过剩——产品价格下降——消费水平下降——企业投资紧缩——人们不愿意消费——经济衰退的恶性循环之中。

所以说，产能过剩就像是一个潘多拉的盒子，一旦被打开，后果将不堪设想。它是全民幸福的可怕杀手，更是一国经济发展的噩梦。举个例子：1929年至1933年，美国物价水平持续下降，导致经济大萧条，GNP分别下降了9.9%、7.6%、14.9%和1.9%，1933年失业率急剧攀升到25.2%。这一次经济大萧条使得美国经济发展倒退几十年，并且在较长时间内才得以复苏。

2018年我国少数行业也出现产能过剩的局面，比如由于引进了先进技术，不少企业开始过度扩张，甚至整个人造板行业进入规模扩张、盲目发展的状态，导致出现产能过剩，效益下降的情况。

目前我国六大产能过剩行业分别是钢铁行业、水泥行业、风电设备制造业、乙烯行业、煤化工行业和多晶硅行业，还有玻璃、化肥等行业也出现了产能过剩、效益下降的情况。为此，政府开始促进行业改革与升级，化解各行业产能过剩的问题，以便实现各行业的健康发展。

具体来说，政府采取了以下几个方面的措施：

第一是积极推进经济结构调整。产能过剩不仅仅是挑战，也是一个机遇。在市场产品供过于求的情况下，政府发挥出产品资源和环境约束的作用，促进经济的结构调整和产业升级，如此一来，企业面临的压力增加，投资也会随之增加。

第二是加快经济增长方式转变。政府应该大力发展循环经济，实现资源的循环利用。这不仅可以解决某个行业产品过剩的问题，还可以加快相关行业、产业的发展。

最后就是提高产业集中度。目前绝大部分企业都是各自为政，你生产你的，我销售我的，这就失去了统筹性和协调性，容易导致产能过剩。若是政府鼓励钢铁行业中有实力的大型企业以资源和市场为纽带，进行兼并、重组、联合，那么不仅可以增加实力，还可以促进产业集中度的提高。

总之，想要解决产能过剩的问题，避免出现通货紧缩的困境，政府就应该加大产业行业的改革力度，发挥市场机制的作用，增加企业的活力。同时，政府应加大宏观调控的力度，引导产业持续健康稳定发展。

第七节 泡沫——经济持续膨胀的结果

很多人都玩过或是看过肥皂泡沫,小小的肥皂水被吹成大大的泡沫,看似美丽绚烂,却是不堪一击。只要风轻轻一吹,这泡沫就会随风远去,一无所有。

经济发展的过程中,由于虚拟资本过度增长,相关交易持续膨胀,也可能产生虚假的繁荣景象。这些繁荣确实可以给投资者带来很大的利益,但是由于脱离了实物资本的增长和实体经济的增长,终归是经不住考验的。那些被"吹起来"的经济发展迅速、房产价格高涨、股市行情大好,都不过如泡沫一般,是虚幻的、不真实的。

事实上,金融历史上出现过很多次泡沫经济,比如荷兰的"郁金香事件"、1997年的东南亚危机、日本的泡沫经济时期以及2007年美国次贷危机等等。

现在我们就来具体了解一下2007年美国次贷危机。

美国的次贷危机也被称为次级房贷危机,是指美国因为次级抵押贷款机构破产而引起的投资机构被迫关闭、股市发生剧烈震荡的金融风暴。

这里的"次",就是指信用低、还债能力低;次贷就是那些信用状况不好,没有担保和收入证明和还款能力证明的个人的住房按揭贷款。简单来说就是，那些没有偿还能力或是负债较重的人的住房按揭贷款。

既然这些人的信用不好，还债能力低，那么银行和投资公司为什么还给他们发放贷款呢？因为美国人都崇尚提前消费，贷款消费已经成为最普遍的现象。当时美国房地产行业发展良好，投资者纷纷进入房地产市场。

为了保证银行能及时收回贷款，银行一般会要求贷款者支付至少20%的首付，可是并不是所有人都能获得申请贷款买房的资格，很多低收入者虽梦想有属于自己的房子，却没有那么多钱支付首付。

这个时候，金融机构为了赚取更多的利润，获得更多的利息，便发明了次级贷款。有了它，大部分低收入者实现了住房梦，美国的房地产商业也得到蓬勃发展，从而促使美国经济快速发展。

然而随着买房者越来越多，次级房贷的利率不断提升，贷款者需要支付的利息也越来越多。这个时候，次贷的危机便开始凸显出来——当房价开始下跌的时候，贷款者卖掉房子的钱还不够偿还贷款。很多人开始选择违约，不再偿还按揭贷款，银行不得不用他们的房子做抵押。可房产行情已经一落千丈，几乎人人都背负着贷款压力，慢慢地，低收入者破产者越来越多，违约率不断攀升，最后引发了次贷危机。

表面上美国的次贷危机是因为房价下跌，但这不过是压死骆驼的最后一根稻草罢了。追根究底，次贷危机产生的最重要原因就是房产价格的上涨导致投资的过度膨胀、行业的虚假繁荣。这种繁荣给人们营造了一种可怕的假象，促使投资者把大量资金聚集于房地产行业，贷款者为了眼前利益也大肆投资房产行业。最后房价下跌了，泡沫破裂了，房地产行业甚至整个社会经济受到重创。

更为重要的是，次贷危机还引发了一系列的连锁反应，即银行贷款不能按时收回——投资银行大面积亏损——对冲基金发生财务危机——股票市场、债券市场受到严重冲击——次贷危机全面爆发——引发金融危机。

可以说，泡沫是经济发展的一大杀手，一旦泡沫产生，那么不管当时经济发展多繁荣，将来终有破裂的一天，促使经济动荡甚至是崩溃。那么，政府应该如何应对或是避免泡沫的产生呢？

首先，政府应该对金融机构进行严格管控，避免炒作资金的大量进入。若是国家对银行或是金融机构监管比较宽容，经济发展速度就会加快，呈现出表面上的繁荣情景，从而为泡沫经济提供炒作的资金来源。

以日本泡沫经济为例，1955年到1985年期间日本经济飞速发展，工业和城市化进程也日益加快，这促使对土地投资的需求越来越多。而我们知道，日本的国本面积本就小，土地是稀缺资源，随着投资者大量投资土地和房产，使得房地产价格也快速上升。

这个时候，人们认为投资房产肯定会大赚一笔，于是便把土地作抵押以换取更多的贷款，寻找新的投资机会。同时，政府对金融行业监管放松，金融机构为了在竞争中获得更多利润而大肆发放贷款，不断增加房地产投资。

于是，投资土地和房地产的资金越来越多，房价越来越贵，抵押的贷款项目越来越多，形成了房地产的虚假繁荣和金融泡沫。

第二，政府应该对各种投资活动进行有效监督和调控，避免投资活动的产生以及扩大。当投机者进行投资时，政府没有一个有效的约束；当金融机构进行贷款时，政府也没有一个有效的监督，所以炒作性的投机行为得到扩散和泛滥，形成了泡沫经济。所以，政府应该对各种投资活动和经济运行进行宏观调控，更多地参与企业间的交易活动，不要被投机交易所形成的经济繁荣假象所迷惑。

总之，泡沫是最容易破灭的，它会给国家和个人带来巨大的打击。只有高度重视、积极预防，着力于经济的真正成长，才能创造真正的经济繁荣。

第4课 把钱交给金融机构，你可以放心吗

资金放在手中总是不安全，还可能面临贬值的危机。而存入金融机构就不一样了，不仅保证了我们财产的安全性，还可以获得相应的收益，何乐而不为。

第 4 课 把钱交给金融机构，你可以放心吗

第一节　银行如此重要，你又了解多少

生活中我们最常见的金融机构就是银行，不管是储蓄、投资还是贷款、转账、发工资……这些金融活动都离不开银行。可你真的了解银行吗？

银行就是管理我们"钱"的金融机构，它源于意大利banca一词，后英语转化为bank，是存钱的柜子的意思。银行并不是一开始就有的，中世纪的时候，世界上只有两种人有钱：贵族和主教。因为没有商业活动，所以根本不需要银行。

到了17世纪，一些平民开始经商、投资，成为第三种有钱人。可赚了那么多钱，放在身边也不安全，怎么保管呢？为了安全，他们把钱都存入国王的铸币厂。那个时候，任何人都可以把金块存到铸币厂，铸成金币，然后等到使用时再取出来。

虽然商人存取金币都是自由的，但要知道，铸币厂属于国王，国王有权利动用里面的所有金块。所以，商人们觉得铸币厂也是不安全的，于是便把钱存到了金匠那里。金匠为商人们开具凭证，以后凭着凭证取出自己的钱——其实，这就是最原始的存折、票据。

后来商人们发现，自己需要钱的时候，并不需要取出钱，只需把凭证交给交易对象就可以了。再后来，金匠也发现了这种凭

证的流通性，只要客户不是同一天来取钱，那么这凭证就可以作为货币来使用。这就是"货币创造"的起源。

在这个基础上，银行就诞生了。最开始银行都是私人开办的，最早的银行券也是金匠们发行的，与政府没有直接关系。后来，"货币"流通越来越普遍，业务越来越广泛，包括金属货币的兑换、货币的保管和汇兑业务、存款业务等等。

1694年，英国英格兰银行的建立，标志着西方现代银行制度的建立，慢慢地银行也开始被政府掌控。

在我国，最初的钱庄就是具有银行性质的金融机构。同西方的金匠铺一样，钱庄最初业务主要是货币兑换，后渐增加存款、放款和汇兑业务，有的钱庄还发行"彩票"。到清乾隆年间，钱庄已有相当规模，主要负责居民钱财的保管、存储以及贷款的发放。我们熟悉的红顶商人胡雪岩的阜康钱庄就是清晚期赫赫有名的钱庄。1897年5月27日，"中国通用银行"成立，是我国第一家使用银行名称的国内银行。而我国最早的国家银行则是1905年创办的"大清银行"，原名"户部银行"，1911年辛亥革命后改名为"中国银行"，并确定为纸币发行机构。实际上直到1935年之前，中国的法定货币都是银圆，纸币是作为银圆的兑换凭证而存在的。

值得一提的是，在这一段时间里，由于中国民族资本的迅速发展，民间出现了一大批私人商业银行，其中包括盐业银行、农商银行以及大名鼎鼎的山西裕华银行。这些民间银行也发行自己的钞票，与银圆直接挂钩。

第4课 把钱交给金融机构，你可以放心吗

1948年12月1日，中国人民银行在河北省石家庄市宣布成立，并首次发行第一套人民币。在此之前，中国人民银行在解放区也发行纸币，因为银行是人民的银行，所以纸币也被称为人民币。由于当时我国经济状态不良且发展缓慢，所以金融机构也很简单，全国只有中国人民银行一家，负责货币的发行、管理、统存统贷。

随着经济的发展、商业的繁荣，我国的银行体系得到迅猛发展，陆续成立了中国农业银行、中国银行等国有商业银行。而现在我国的银行有很多种，具体分类如下：

一是中国人民银行，它是中央银行，在所有银行中起到管理作用。职能是制定和执行货币政策，防范和化解金融风险，维护金融稳定。

二是商业银行，包括中农工建四大行。这四大行属于全国性国有行业银行，除此之外还有全国性股份制商业银行，包括交通银行、中信银行、华夏银行等；区域性商业银行，包括广发银行等；地方性商业银行，包括武汉商业银行、南京银行等等。

三是政策性银行，它不以盈利为目的，主要是办理政策性业务。其中包括农业发展银行、国家开发银行、进出口银行。

最后就是外资银行和民资银行。目前我国的外资银行有很多，比如花旗银行、汇丰银行。而民营资本银行则有民生银行、百信银行。

总之，银行是金融机构里面最重要的一员，和我们的生活也息息相关。所以，多了解我国的银行体系吧，如此一来，你才能

把自己的钱交给它，并且让它真正为自己的经济生活服务。

第二节 货币大管家——中央银行

中央银行，是一国货币的印制者和发行者，是负责一国货币政策的主体。我国的中央银行是中国人民银行，拿起我们手中的钱看一看，你便会发现上面刻有"中国人民银行"的字样。

事实上，之前很长一段时间，货币并不是由央行垄断发行的，而是由一些商业银行发行。那时候的货币被称为银行券，是一种信用货币，虽然可以在市场上自由流通，但完全取决于发行商业银行的信用和经营状态。若是发行银行经营状态不好，那么该货币就会贬值，一旦银行倒闭，那该货币就会成为一张废纸，没有任何价值。

在19世纪，很多商业银行争先发行本行货币，各种货币进入市场流通。但是很多银行信用并不好，发行的货币兑不了现、买不到东西。在这种情况下，银行家掠夺了百姓的财富，成为最富有的人，而金融市场也被良莠不齐的货币扰乱，经济发展受到严重影响。

于是，许多国家开始把发行货币的权力集中到政府手中，委托一家银行来专门发行货币。就这样，中央银行就慢慢地诞生了。有了政府作为信用支撑，再加上法币发行的垄断权，所以中央银行要比其他银行更具有实力和信誉。

现代第一家中央银行是英国的英格兰银行，它是1920年通过布鲁塞尔国际金融会议成立的。当时，第一次世界大战刚刚结束，欧洲经济和金融受到严重摧毁，各国出现货币严重贬值、物价飞速上涨的情况，并且引发了世界性的金融恐慌。为了解决这一危机，会议提议各国建立中央银行制度，并规定凡成立中央银行的国家，应该尽快稳定金融、促进经济的稳定发展。至此之后，中央银行便成为全世界的一种普遍制度。

前面我们已经说过，我国的现代中央银行是辛亥革命后，由国民政府建立的"中国银行"，法定货币为银圆，纸币是银圆的兑换凭证。中华人民共和国成立后，中国人民银行成为中央银行，负责货币发行以及货币的管理。

可以说，中央银行是一国最高的货币管理机构，主要职责就是为国家和人民管钱，并且保持货币价值的稳定。具体来说，它有以下业务：发行货币、集中存款准备金、贷款、再贴现、证券、黄金占款和外汇占款、为商业银行和其他金融机构办理资金的划拨清算和资金的转移等业务。

中央银行的权利是其他商业银行没有的，当然保证货币足值和币值稳定的重任也就落在它的身上。当其他商业银行发生资金周转困难或是经营困难的时候，中央银行就会拿出钱来帮助——贷款给商业银行。同时，中央银行并不是等到出了问题再出手，平时它还会对商业银行进行监管，使其能够健康地经营、发展。

中央银行还具有调控经济的作用，当经济过热时，它就会通过调整利率和存款准备金率，或是发售国债的方式来减少流通中的钞票量，避免发生通货膨胀的危机；若是经济不景气时，它就会通过调整利率和存款准备金率，或是收购国债的方式来增加流通中的钞票量，促使投资、消费的增长，增加市场的流动性。

比如，2008年9月，由于汶川地震使得灾区经济损失严重，央行便把汶川地震重灾区地方法人金融机构存款准备金率下调2个百分点，以促进灾区重建和经济恢复。

中央银行对货币和经济进行调控的手段主要有公开市场操作、调整利率（包括贴现率）、调整存款准备金率，这就是我们常说的"三大法宝"。中央银行只有根据实际情况，合适地运用这三个工具，才能更好地稳定货币币值和促进经济的健康发展。

第三节 我们的钱如何在银行之间运转

银行之间也是有现金往来的，商业银行之间的支付清算业务都是由中央银行来进行的，主要机构是票据交换所。

银行间的往来只要分为三种，即联行往来、商业银行与人民银行往来和同业往来。

联行往来是指银行系统之中，各银行之间由于办理结算、款项划拨、内部资金调拨等业务引起的资金往来。商业银行与人民银行往来是指各商业银行与人民银行之间由于各种业务引起的资金账务往来。而同业往来是指不同商业银行之间因为办理结算、代收代付款项及资金融通等业务引起的资金往来。

在银行往来的过程中，中央人民银行要求各银行要及时处理凭证、保证资金的及时周转；按其计算利息，相互及时清算利息；遵守央行制定的各项规定，维护正常的金融秩序。

联行往来是银行会计核算的重要内容，资金往来最终要体现在银行间的相互划拨上，必须通过两个或两个以上的银行机构才能实现。目前我国有六大联行系统，即中国人民银行、农行、工行、建行、中国银行、交行。我国的联行制度是统一指导，分级管理，采取的是总行、分行、支行3级管理制度，且各联行系统彼此独立、平行运作。

商业银行与人民银行的往来，包括向人民银行存取现金的核算，即根据核定的库存现金额度，向人民银行领取和缴存现金。领取现金时，签发现金支票交给人民银行；再贷款和核算，即人民银行向商业银行发放贷款，以解决商业银行资金不足的需求。

现在我们着重看看商业银行之间的资金往来，主要是票据交换。比如说，A企业与B企业之间存在着债务关系，通过票据的转换来清偿债务。这样一来两家企业之间相互往来的票据交托给银行之后，企业之间的债务关系就变成了企业与银行之间的债权债务关系，银行通过支付清算，来完成企业账款的转移。

之前这种票据交换是不存在的，清算债权和债务都是各商业银行自己把收到的票据送到应付款银行，然后收取款项。这种方法不仅费时费力，而是非常容易出错，风险也比较高。

随着银行间票据清算的业务越来越多,各商业银行的收款员便开始约定固定时间、地点进行票据交换。于是,票据交换所就产生了。

票据交换主要包括以下几个流程:第一,交换前,各银行把应收票据按照不同付款银行分门别类进行整理,计算出收取款的数额以及汇总金额;第二,各银行把应收款票据分别提交给付款银行,同时接受他们的应付款票据,核对无误之后,计算出应付给各银行的金额;第三,根据自己的票据计算表,比较应付款、应收款总额以及他们的汇总金额。

同行往来的往来种类主要包括同城票据清算、跨系统划款相互转汇、商业银行之间的资金拆借。

那么联行往来和同行往来有什么区别呢?简单来说,联行往来是同一银行系统辖内所属各行之间的资金往来,而同行往来则是各商业银行之间的资金往来。

银行间票据往来使得我们的钱在个银行之间运转,同时也给我们的交易带来了很多便利。银行间往来促进了资金的快速流动,增加了资金的活跃性和稳定性。

第四节 如果银行破产了,我们怎么办

很多人会惊讶地说,银行怎么可能破产?但事实上,银行真

的有可能破产,只不过现代金融时期,破产的银行比较少,所以才给人们这种"银行永远不会破产"的错觉。

我们知道,从本质上来说,商业银行是一种特殊的、具有经营性质的企业,只是其他企业经营的是实物商品,而商业银行经营的是"货币"而已。既然是企业,就会因为经营不善而亏损、破产,甚至是彻底倒闭的情况。

那么导致商业银行破产的原因究竟有哪些呢?

与一般企业相比,商业银行经营具有高风险性,包括信用风险、利率风险、汇率风险、流动性风险、资本风险和管理风险等等,任何一方面的风险都可能促使商业银行发生危机。比如,作为存款人和借款人的中介,商业银行必须持有用于支付、兑现的流动资产,一旦这部分资产不足且被公开,那么大量存款就会被储户急于兑现,从而引发挤兑行为。而挤兑行为一旦发生,存款人就会对银行信心大跌,严重时使得银行面临破产或倒闭。

国内首家破产的海南发展银行就是因为挤兑引发的流动性危机,不得不宣布破产。这家银行成立于1995年8月,是海南政府为了加速地方经济的发展和妥善处理停业信托机构的债权债务问题而成立的一家股份制银行。

成立之初,为了吸引更多的储户,该银行推出了比其他银行高出许多的高额利息。可这高利息是一把双刃剑,虽然给银行带来了更多资金,也带来了极大的经营危机。为了挽救该银行经营危机,海南政府把许多信用社并到这家银行,由于房地产泡沫，这些信用社有很多不良贷款，这无疑又给它增加了更大的压力。

我们这里着重说一下不良贷款，它一直是困扰商业银行的问题，当不良贷款达到了一定的程度，那么很可能导致银行资金不足、经营困难，从而面临破产和倒闭。商业银行必须把不良贷款率控制到合理范围，才能保证银行稳步发展。

可一些商业银行，尤其是地方性的商业银行，为了发展客户、提升业绩，盲目地发放贷款，最终把自己也拉入泥潭中。

回到海南发展银行。为了缓解这些压力，该银行宣布只支付信用社原储户本金和央行规定的利息。这引起了很多储户的不满，于是纷纷上门兑现，该银行担心发生挤兑现象，限制了每个人的取款额度和次数。可这样的行为引起了更大的恐慌，人们对该银行的信用丧失信心，从而加速了挤兑行为的爆发。

当时，每天都有大量储户到各营业网点排队取钱，虽然银行又迅速提升存款利率，但是已经没有效果了。大规模的挤兑还是发生了，海南发展银行仅仅存活两年多就宣告破产、倒闭。

除此之外，利率风险也是银行倒闭的关键因素，华盛顿互惠银行的倒闭就是因为利率风险。该银行成立于1889年，曾经是美国最大的储蓄银行，在美国各地拥有200多家金融中心，资产总额高达3000多亿美元。

21世纪初期，美国由于房地产泡沫发生了次贷危机，随着短期利率的提升，次贷还款利率也大幅上升，购房者的还贷负担越来越重，很多人不能按期偿还贷款。在这种情况下，银行收回房屋却又卖不出去，导致亏损严重。

2008年9月，该银行因为不堪次贷危机的重负宣布破产，将部分业务卖给摩根大通公司。

由此可见，银行风险是具有传导性的，经营风险或是利率风险很可能引发信用风险，随后是流动性风险、资本风险，就像是"多米诺骨牌效应"一样，一旦遭遇风险银行就会出现危机，从而面临破产和倒闭。

那么，有人会担心地问："银行倒闭了，那么我们的存款怎么办？我们是不是会血本无归？"这可能会出现几种情况：

第一，以海南发展银行为例，我国政府颁布了《存款保险条例》，主要是针对倒闭银行的储户。该条例规定，一旦银行倒闭，那么储户最高可以获得50万元人民币的赔偿，这在一定程度上保障了储户的权利。也就是说，如果你的存款不超过50万，那么可以全额拿回；可若是超过50万，那么只能拿到50万赔偿，其他部分的资金要看银行的清算情况。

第二，针对华盛顿互惠银行倒闭一例，就像是企业收购和兼并一样，既然摩根集团已经接受其部分业务，那么它就会履行相应义务，对储户负应该负的责任。

第五节 商业银行与政策性银行区别在哪里

前面我们说，银行可以分为商业银行和政策性银行，可这两者有什么区别呢？

首先我们需要知道商业银行的定义是什么，它都为我们提供哪些服务？

商业银行的业务主要是经营工商业存、放款，直接为公众提供货币。也就是说，它的本质是一个企业，以追求盈利为目标，只不过它的经营对象是货币。我国旧时的钱庄，就是我们生活中所说的商业银行。

商业银行的主要职能是信用中介、支付中介、信用创造和金融服务。首先，信用中介是商业银行最基本的职能，也最能反映其经营活动的特征。说白了，商业银行把社会上的各种闲散货币集中起来，然后再通过贷款业务，把资金投向社会中的企业、个人。而商业银行的利润就来源于吸收资金与发放贷款、投资收益的差额。

同时，通过这一职能，商业银行调剂着社会各部门的资金分配，把某些人闲置的钱吸收进来，借贷给急需资金的另一部人。这不仅使银行获得利益收入，还有利于整个国家经济结构、消费比例投资、产业结构等方面的调整。

其次是支付中介的职能。商业银行充当着企业、团体和个人货币保管、出纳和代理的业务，主要为客户提供存款在账户间的转移、代理支付、兑付现款等服务。可以说，它是一个中介性企业，为客户的资金支付做中介。

第三是信用创造的职能。什么是信用创造的职能？它是在信用中介职能和支付中介职能的基础上产生的，通过信贷活动创造和收缩活期存款，然后，在支票流通和转账结算的基础上，把存款又转换为贷款，贷款又转为存款。如此一来，商业银行就可以把自己的负债作为货币来流通，从而形成信用创造功能。

最后是金融服务职能。现在银行种类越来越多，人们对于银行的需求也越来越广泛，于是，商业银行便衍生出很多代办业务，比如代发工资、代交水电费等，为人们的生活提供了很大便利。

商业银行是金融市场上影响最大、数量最多、涉及面最广的金融机构，所以为了保证金融市场的秩序，它们必须遵守以下几项原则：效益性、安全性、流动性原则；依法独立自主经营原则；保护存款人利益原则；平等、自愿、诚实信用原则。

接下来，我们就需要了解什么是政策性银行，它都为我们提供哪些服务。与商业银行相比，政策性银行肩负着特殊的使命，是国家干预、协调经济的产物。正因为如此，它是政府创立、参股或是保证的，不以盈利为目的。而它的特殊使命就是贯彻政府的经济政策和意图，在特定业务领域内，直接或间接地从事政策性融资活动。它是政府进行宏观经济调控的重要金融工具。

比如，农业发展银行主要职责是为农业和农村经济发展服务，为农业农村基础设施建设、水利建设贷款、农村土地流转和规模化经营、农民集中住房建设等提供资金支持。

具体来说，政策性银行的职能主要体现在四大方面：补充性职能；倡导性职能；经济调控职能；特殊领域金融性服务职能。

补充性职能，就是针对那些商业银行不愿意提供贷款的企业或是事业，政策性银行把有限的资金投入进去，从而促进该企业、行业、事业的发展，以免经济结构发展不平衡。

倡导性职能则是通过投资、贷款、利息补贴等形式，促进和引导商业资金参与特殊性事业的投资，促进某些行业和事业的发展。

正是因为上述两个职能的存在，政策性银行才具有了经济调控的作用，实现区域经济、产业、行业以及产品结构的合理化，实现经济的协调发展；

最后就是为特殊领域提高金融服务的职能。政策性银行由于服务对象的特殊性，使其汇集了大批精通业务的技术人才，包括投资论证、投资管理、投资风险等方面人才。有了这些优势，它就可以有效地弥补商业银行的不足，在其不熟悉、不擅长的领域提供金融服务。

第六节 投资银行——资本的弄潮儿

除了商业银行和政策性银行，投资银行也是金融市场上不可或缺的主角儿。与商业银行相比，投资银行主要从事证券发行、承销、交易、企业重组、兼并与收购、投资分析、风险投资、项目融资等业务。可以说，它是金融市场上的服务者，在资本融通的过程中在资金供求者之间起到媒介和桥梁的作用。

投资银行并不是最开始就存在的，它是从商业银行中分离出来的。1929年美国发生了大股灾，联邦政府认为银行混合经营储蓄和投资业务具有非常大的风险，便禁止银行利用储户的资金进行投资，尤其是股市投资的业务。这促使一大批综合性银行被迫分解、分拆，单独成立商业银行和投资银行。

比如摩根银行就分解为从事商业银行业务的摩根大通银行和从事投资业务的摩根士丹利银行。摩根大通目前是美国最大的银行之一，业务包括金融交易处理、投资管理、商业金融服务、个人银行业务等；而摩根士丹利则是美国最著名的国际金融服务公司，业务包括证券、资产管理、企业合并重组和信用卡等多种金融服务。

一般来说，投资银行的组织形态主要有四种：第一是独立型的专业性投资银行，这是目前最主要的投资银行，遍布世界各地，每个银行都有各自的擅长业务方向。比如美国的高盛，它就是美国乃至全球最著名的专业性投资银行，也是全世界历史最悠久及规模最大的投资银行之一。高盛的主要业务是投资银行、投资控股、交易投资以及资产管理。我国的中国石化、中粮集团、金龙鱼、中国移动都有高盛集团的入股，同时它担任着中国网通收购电讯盈科20%股份项目的财务顾问。

第二种是商业银行拥有的投资银行，这种形式在英国和德国非常普遍，最为典型的就是汇丰集团、瑞银集团。汇丰集团是全球规模较大的银行及金融机构，业务包括个人金融服务、工商业务、企业银行、投资银行及资本市场、私人银行、财富管理等等。汇丰银行自从1865年就在上海开展业务，且业务一直未间断，尤其擅长贸易融资。而瑞银集团是世界第二大的私人财富资产管理者，其资本及盈利能力非常强，是欧洲第二大银行。

第三种是全能型银行直接经营投资银行业务，就是银行在从事投资银行业务的同时还从事商业银行的业务，比如德意志银行、荷兰银行。

第四种是跨国财务公司。与其他银行相比，投资银行的业务更为广泛，利润也非常高。以最常见的股票发行业务来说，投资银行若是帮助某公司发行股票，那么就要收取5%—10%的佣金。也就是说，如果该公司发行10亿美元的股票，那么就必须付给投资银行5000万至1亿美元的佣金。除此之外，兼并重组与破产清算也是投资银行的重要业务，投资银行完成一项大型的兼并案，那么就会获得高额的佣金。

当然，高收益的背后永远隐藏着高风险。由于投资银行涉及的大多数是高风险业务，如证券发行、企业重组等业务，所以经营风险非常大。很多投资银行因为无法抵挡金融危机的打击走上巨额亏损乃至破产的道路。

2008年华尔街遭遇罕见的金融风暴，次贷危机一发不可收拾，股市暴跌，北美证券市场沽空，美国金融几乎已经到了崩溃的边缘。各大商业银行和投资银行面临着巨大危机，尤其是投资银行处境更是岌岌可危。

早在2007年中，美国第五大投资银行贝尔斯登就发生严重亏损，9月20日宣布季度盈利大跌68%，5月至8月底这段时间公司账面资产缩水高达420亿美元。2008年3月，美联储决定通过摩根大通公司向贝尔斯登提供应急资金，之后摩根大通以2.36亿美元的价格收购贝尔斯登。

随后，投资银行的噩梦来临，一个个历史悠久、资产庞大的投资银行破产，先是美林证券，然后是雷曼兄弟。美国五大投资银行只剩下高盛和摩根士丹利，而他们的日子也不算好过，为了度过危机，不得不宣布转型为银行控股公司。

可以说，投资银行的风险和收益都是非常高的，这与他们的投资模式和经营模式是分不开的。

在我国，投资银行发展非常迅速，目前有三种组织形式，即全国性投资银行、地区性投资银行和民营性投资银行。

全国性投资银行包括以银行系统为背景的证券公司和国务院直属或以国务院各部委为背景的信托投资公司。比如中国国际金融有限公司、中信证券等。地区性投资银行是专门为某一地区的投资者、企业、政府机构服务的银行。民营性投资银行则包括一些投资管理公司、财务顾问公司和资产管理公司等，比如绿桥资本、汉能投资。

虽然我国投资银行的业务发展时间不长，存在着规模过小、业务范围狭窄、缺少专业人才等问题，但是我们投资银行的市场前景非常好，市场需求非常大。随着金融改革的不断深化，人们对于融资的需求日益旺盛，我们相信，我国投资银行的业务必将越来越多样化、专业化和集中化，且发展越来越好。

第七节　林林总总的财务公司，你了解多少

李某是某企业管理者，经营着一家不大不小的运输公司，虽然利润不是很大，可维持着百余员工的生计。2018年6月，李某想要扩大公司规模，实现企业的盈利，于是他便向商业银行贷款，购买一批大货车。

可没有想到的是，他的贷款要求被多家银行拒绝了，因为该企业的盈利情况并不好，且前几年连年亏损。李某心急如焚，若是不能及时购买新车，为企业赚取更多利润，那么公司的情况将越来越糟糕，甚至面临倒闭的危机。

第 4 课 把钱交给金融机构，你可以放心吗

正当他一筹莫展的时候。突然想到：为什么不向某财务公司借款呢？这家运输公司隶属于某机器制造公司，而前几年这家机器制造公司被一工业制造集团收购，成为该集团旗下的子公司。就这样，李某从这家财务公司成功借款500万元，扩大了运输规模。

目前，社会上存在着众多财务公司，为个人和企业提供金融服务。那么，很多人要问了，财务公司究竟做什么，和其他金融机构有什么不同呢？

财务公司也称为金融公司，是商业银行的附属机构，主要业务范围包括吸收成员单位3个月以上定期存款，发行财务公司债券，对成员单位办理贷款及融资租赁，办理集团成员单位产品的消费信贷、买方信贷及融资租赁，对成员单位提供担保等。简单来说就是，存款、贷款、结算、担保和代理等银行业务以及经人民银行批准，开展证券、信托投资等业务。

虽然财务公司出现的时间比较晚，到20世纪初期才兴起，但是发展却非常迅速。在欧美等国家，很多著名企业都有自己的金融财务公司，比如通用、福特、摩托罗拉、西门子、英特尔、爱立信、GE等公司都拥有自己的财务公司。其中通用电气金融公司是美国最大的金融财务公司，主要为通用电气公司消费品和工业产品的销售与批发提供融资服务。该公司创立于1943年，早在2001年年底，该公司总资产就达到了3760亿美元，利润高达52亿美元。

而我国的财务公司较为特殊，与西方国家不同的是，它不是商业银行的附属机构，而是隶属于某些大型集团的非银行金融机构。国内比较著名的财务公司有中油财务有限责任公司、中国石化财务有限责任公司、上海汽车集团财务有限责任公司、海尔集团财务有限责任公司、中国华能财务有限责任公司等等。其中最大的就是中油财务有限责任公司，成立于1995年12月18日，是为了满足该集团公司的发展战略，加强资金管理而成立的。

目前，财务公司的模式分为两种，一是美国模式，一是英国模式。美国模式的财务公司主要是为零售商提供融资服务，在流通领域的金融服务几乎覆盖社会生活的方方面面，不仅为企业的运营提供金融服务，还为个人的住房、汽车、家电提供服务。

而英国模式主要是依附于商业银行而存在的，这类财务公司主要分配在英国、日本和中国香港等地。由于政府规定商业银行不得从事证券投资业务，所以财务公司实际上是商业银行规避政府监管的一种手段。

但是不管财务公司开展什么样的业务，它在运行上都有一些显著的特征。首先，它是企业内部的金融机构，经营范围只限于企业内部。也就是说，它是为集团内部成员提供金融服务的，不向外提供服务；其次它既受企业集团的监督和控制，也必须接受中央银行的监管。之后得到中央银行的批准，还能从事金融业务，尤其是信托、证券投资等业务。

对于我们来说，财务公司不是一个熟知的金融机构，但是它却是不容忽视的，对于社会经济发展具有很大的促进作用。

第八节　网上银行是不是可以放心托付

网络给人们提供了很多便利，足不出户就可以打游戏、聊天、购物、办公等等。而随着电子商务的蓬勃发展，网上银行也越来越走进我们的日常生活。

网上银行是在Internet上的虚拟银行柜台，只要家里有电脑，你足不出户就能够安全便捷地管理自己的存款、支票、信用卡，不需要费力去银行网点排队、等候。

网上银行又被人们称之为"3A银行"，因为人们在享受金融服务时不受时间、空间、方式的限制，可以在任何时间（Anytime）、任何地点（Anywhere），以任何方式（Anyway）进行交易。

每年双十一、双十二、六一八等购物节，成为人们购物狂欢的日子，人们也通过网上银行尽情地购买自己需要和喜欢的东西。不仅如此，人们还可以通过网上银行办理更多金融业务，比如查询、对账、行内转账、跨行转账、投资理财、缴纳生活费用等等。

与实体银行相比，网络银行的交易成本也比较低，比如实体银行网点每一笔交易所需的费用为1.07元，ATM是（自助银行）0.27元，而网上银行则只需要0.01元。所以比尔·盖茨曾经预言说："我们需要银行业，但不需要银行。"

具体来说,它有以下几个特点:使用电子支票、电子汇票和电子收据,节省了票据和单据;用户可以享受到方便、快捷、高效、可靠的全方位服务;使得银行节省经营成本,提高盈利能力;促进了客户和银行、银行和银行的沟通和联系,交易灵活方便。

可由于互联网具有高风险,很多人担心自己的信息会被盗。一直以来,层出不穷的各种网络病毒威胁着电脑网络的安全,比如购物的时候,有些带有木马程序的链接一旦点开就会导致信息被盗、银行中的资金受损;再比如一些不法分子制作了假银行网站——和真实银行网址很像,一不小心人们就会被骗;还有不法分子会冒充银行发送诈骗短信,要求人们进入假的银行网站修改银行密码和个人信息……

其实,这些风险都是可以避免的,只要我们能够擦亮眼睛,认真识别,不乱点不明链接,仔细核实网址。我们要保护好个人信息和银行密码,不随意泄露这些重要隐私。在进行网上交易的时候,一定要保存好交易记录,操作后马上查看账户的余额和交易明细,一旦发现问题就立即和银行联系,如此才能避免不必要的损失。

网上银行在我国已经得到蓬勃发展,随着手机移动支付的快速发展,人们也开始更加依赖支付宝、微信等支付方式。虽然这些交易方式比实体银行或现金交易更具有风险性,但是这风险也是可以预防的,不管是网上银行、支付宝还是微信,它们具有账户保护的功能,只要谨慎小心,那么就可以放心托付。

直面这些风险,并且采取防范措施,那么我们就可以享受网上银行、手机移动支付带来的巨大便利。

第5课 利率经常调整，你的钱会缩水吗

货币也是一种商品，有其自身的价格，这个价格就是利率。利率是一个非常重要的金融变量，它的涨跌关系到每个人、每个企业，甚至是整个国家的钱是升值还是缩水。同时，它还是金融市场的晴雨表，是政府调节宏观经济运行的重要杠杆。

第5课 利率经常调整，你的钱会缩水吗

第一节 利率，关乎我们生活的点点滴滴

把钱存到银行，一段时间后，就可以得到银行给我们的利息。这一部分利息就是我们借钱给银行而获得的报酬，是货币在向实体经济部门注入并且回流时所带来的增值额。

同样的道理，我们向银行贷款，也需要向银行支付报酬，而银行获得的这部分报酬就会计入它的经营利润，以便更充分地发挥其营运功能。

至于这部分报酬究竟是多少，是由存贷款利率决定的。在现代经济中，利率是资金的价格，是借款人在一定时期内使用他人一定数量资金所应该付出的代价。利率越高，说明借款人付出的代价越大；相反，利率越低，付出的代价也就越小。

就表现形式来说，利率就是制定时期内利息额与借贷本金总额之间的比率，是一个非常重要的金融变量，用公式表示就是：
利率=利息额÷本金÷时间×100%

通常，根据分类标准不同，利率可以有很多种分类，按照银行业务要求不同，可以分为存款利率和贷款利率；按照计量的期限标准不同，可以分为年利率、月利率、日利率；按照计算方法不同，可以分为单利利率和复利利率；按照确定方式不同，可以分为法定利率和市场利率；按照与市场利率供求关系，分为固定

利率和浮动利率。

可不管是按照哪一种标准分类，也不管是存款利率还是贷款利率，利率并不是固定的，时常会发生变化和波动。它受到物价水平、财政政策、货币政策、企业和个人对于信贷的需求等因素的影响，这个问题我们后面具体阐述，这里就不再赘述了。

既然我们每个人都避免不了借款、存款、投资理财，那么利率变了又变，就对我们的生活有着非常大的影响。比如，贷款利率提升，那么我们向银行付出的代价就越高，用在日常生活消费方面的资金就会随之减少；存款利率降了又降，那么我们从银行那里获得的报酬就会越来越少。报酬少了，我们就会开始放弃储蓄，转而寻找收益更多的投资方式。可不管是股票、基金还是外汇都受到利率的影响。

拿利率对汇率的影响来说吧，通常一国利率的上升，企业就会加大投资力度，也会吸引外国的投资者来国内投资，从而促进资本的内流，汇率的上升。但是并不是说，利率上升就必定带来汇率的上升，若是本国利率上升速度没有他国快，那么汇率也会下跌。

汇率上升，人民币升值，个人的购买能力就会增强，买的东西就会更便宜，从而提升生活水平。可对于企业来说就有利有弊了，人民币升值，企业的利润会随之增加，可同时也会带来一部分压力。随着汇率上升，使得我国出口下降，进口多了，企业的竞争就会更加激烈，从而影响国民的就业优势。

因此可以看出，几乎所有金融现象、金融资产与利率有着或多或少的联系。正因为如此，世界各国都会把利率当作是宏观调控经济的杠杆，中央银行纷纷通过调控货币需求，进而调控经济，促使经济快速健康地发展。利率的经济杠杆作用，具体体现为：

利率变化影响个人储蓄收益和储蓄倾向，调节居民消费和储蓄的比重。经济过热时，政府调高利率，促进居民增加储蓄比重，从而控制过度消费和投资。利率变化在影响储蓄倾向时也影响着个人投资方式的改变。利率上升时，绝大部分人会选择持有货币，股票价格会随之下跌，而这也促使人们抛售股票，转而投资其他。

对于企业来说，贷款利率上升，那么企业的成本会提升、利润会降低，从而导致经营负担加重。所以政府提升贷款利率可以对企业进行约束和刺激，促使其进行结构改革，提高资源利用率。但是，利率的提升必须考虑到企业的承受能力，否则就会遭遇财务危机。

而对于一国宏观经济来说，利率的变化可以影响一国社会资金供求关系的变化以及国际收支的变化。在不扩大货币供应的前提下，利率降低，可以促使投资企业投资需求增加、居民消费需求增加，从而影响社会总需求的增加。

总之，利率是重要的经济因素，是国家进行宏观经济调控的重要工具，与我们的生活更是息息相关。在消费、投资的过程中，我们需要密切关注利率的变化，如此才能让它为我们更好地服务。

第二节 利率体系，很有必要了解一下

利率是经济学中的一个金融变量，几乎和所有金融现象、金融资产有着或多或少的联系。当前世界各国都是运用利率杠杆来实现宏观经济的调控，而每个国家都有着庞大而复杂的利率体系，不同利率之间和相同利率内部都存在着相互联系、相互制约的关系，在经济运行中发挥着重要的作用。

想要了解利率体系，我们就必须了解它的构成和分类。具体来说，利率体系是由利率结构、各利率间的传导机制和利率监管体系共同构成的。按照不同的分类方式，又可以分为不同的类型。根据利率所依附的经济关系不同，利率可以分为存款利率和贷款利率两种。

银行存款利率与贷款利率是受到国家宏观调控影响的，当国家发行的货币贬值时，政府就会提高存款和贷款利率，提升货币的价值；反之就会降低存款和贷款利率。同时，它们还受到基准利率的影响，当央行提高基准利率（央行规定的存贷款利率，受到了市场供求关系的影响）时，存款和贷款利率就会有所升高。

按照借贷主体的差别，利率还可以分为银行利率、非银行金融机构利率、债券利率和市场利率等。

随着我国经济和金融市场的发展，金融机构体系也朝着多元

化、多层次方向发展，这就促使我国的利率体系得到充分发展，形成了中央银行存贷款基准利率、同业拆借市场利率、商业银行存贷款利率和市场利率并存的格局。其中，中央银行基准利率包括了存款准备金利率、中央银行再贷款利率、再贴现利率；银行间同业拆借市场利率则包括了全国银行间拆借市场利率、银行间国债市场利率；市场利率则包括了证券交易所债券市场利率、民间借贷利率。

债券发行时的收益率或利率还被称为一级市场利率，它是衡量债券收益的基础，同时也是计算债券发行价格的主要依据。而债券流通转让时的收益率则被称为二级市场利率，它直接关系到债券投资是盈利还是亏损。

不管是哪一种类型利率，都必须以中央银行基准利率为核心，受到中央银行的监督和控制。虽然民间借贷属于个人行为，是个人与个人、企业之间的借贷行为，但必须以基准利率和商业银行利率为依据，切勿形成"高利贷"。

而按照官方的控制程度来分，我国的利率分为政策利率和市场利率两类。前者包括短期利率、长期利率、存款准备金利率、存贷款金利率；后者包括了货币市场利率、债券市场利率、存贷款利率、非标债权利率。

除此之外，利率体系还包括非常复杂的内容，比如你把1万元钱存入银行，5年期的存款利率为4.95%，那么该利率既是年利率，同时还是固定利率、差别利率、长期利率和名义利率。

第三节 利率市场化,将是必然的趋势

利率市场化,顾名思义就是利率水平是由货币市场的供求来决定的,并不是由一国央行来决定的。也就是说,把利率的决定权交给交易双方,由他们自己根据资金状况和对金融市场动向的判断来确定利率的数量结构、期限机构以及风险结构等因素。而作为货币管家的央行,需要做的只是通过基准利率的调整来间接影响市场利率。

目前,银行存贷款利率出现频繁的波动,其实就是利率市场化的表现。而对于一个国家的金融改革来说,利率市场化是不可忽视又极其重要的缓解,也是货币国际化的重要条件之一。

改革开放之前,我国遵循的是计划经济,利率受到政府严格管制,很少进行利率改革。而改革开放之后,我国由计划经济向市场经济转变,随之而来的金融改革也如火如荼。20世纪七八十年代,央行就根据市场供求关系的变化先后5次调整利率,仅仅1985年就调整两次,以便应对当时的通货膨胀。进入20世纪90年代后,我国注重利率结构的调整,进一步理清了利率体系,从而促进了利率市场化的进程。20世纪末的最后几年,我国加快利率市场化的改革进程,先后建立了全国统一的银行间同行拆借市场和银行间债券市场,实现了同行拆借和银行间债券利率的市

场化。

到了2000年9月，实现了外币存贷款利率的市场化，这也是我国利率市场化的重要突破和步骤之一。2002年，我国实行利率市场化试点改革，在全国8个县农村进行试点，贷款利率的浮动程度放开到100%，存款利率放开到50%。到2006年底，利率市场化到了改革的攻坚阶段，其突破点在于开放存款利率上限和贷款利率下限。

2013年7月，央行取消贷款利率下限，并且全面放开金融机构贷款利率管制。两年后，央行也放开了存款利率浮动上限，对商业银行和农村合作金融机构不再设置存款利率浮动上限，完善利率的市场化形成和调控机制。这一步的完成，标志着我国利率市场化改革的基本完成。

从我国利率市场化改革的历程来说，利率市场化是一个漫长的过程，基于金融的风险性以及民间金融的不稳定性，利率市场化充满了风险和挑战。所以，利率市场化需要完善的方面还有很多，需要央行对利率体系的调控和监督指导，使利率在市场上不断磨合、逐渐完善。

换句话说，虽然贷款和存款利率管制已经取消，金融机构有了利率的自主定价权，但是必须接受央行的管制，以基准利率为依据。一旦失去了监管和控制，那么就会导致金融市场的混乱。

那么，利率市场化对于国家经济的发展有何影响呢？

从宏观的角度来说，利率市场化可以有效抑制提升商业银行的竞争力，抑制通货膨胀。而从微观的角度来说，利率市场化可以提高资金需求的利率弹性，促使资金的流动更加合理化、效益化。因为利率是根据市场需求变化而变化的，所以金融机构和国家可以充分地了解资金的供求状况，规避投资风险。

利率市场化之后，商业银行可以有效地吸纳闲散资金，把社会上的闲置资金很好地利用起来，以便促进资金资源的再分配和经济更好的发展。对于企业来说，金融机构的资金多了，金融服务水平提高了，就会加大对企业的支持，尤其是中小微企业的支持，使得企业得到更充足的发展。

同时，商业银行为了规避风险，会更加严格地审核贷款人的信用状况，避免出现银行死账、呆账的情况。银行更愿意把资金贷给信用好的贷款者，从而促进信用体系的进一步发展。

而对于我国的利率市场化改革来说，它打破了中国的金融抑制，促进了金融改革的深化，并且激发了各个金融机构的活力和竞争力，从而促使我国金融更加良性地发展。

第四节 负利率时代，如何让资产保值、增值

假如你把钱存入银行，过了一段时间后，本息加在一起存款不仅没有增加，反而缩水了，这就说明负利率时代来临了。

为什么会出现负利率？

第5课 利率经常调整，你的钱会缩水吗

很简单，当物价指数（CPI）快速攀升，存款利率跑不过通货膨胀率的时候，银行存款利率实际就为负数了。因为物价上涨，货币的购买力降低，你的钱就贬值了。

举个例子。某一年银行存款利率为3%，而这一年物价水平上涨了7%，那么货币就相当于贬值7%，负利率就是3%-7%=-4%。表面上，你存在银行的钱有了收益，可是由于物价指数高于存款利率，实际上你不仅没有赚钱，反而赔钱了。

具体来看一下：2018年一年定期存款利率为1.95%，而这一年的CPI比同期上涨了2.1%。假如你把20万以一年定期的形式存入银行，那么到期后你可以获得收益：200000×1.95%=3900元。然而你的这20万出现了贬值，还需要承担贬值额：200000×2.1%=4200元。也就是说，你在银行存款的实际收益为3900-4200=-300元。

在负利率时代，把钱存入银行并不是合理的选择，否则你只能看着自己的钱在悄悄地缩水。虽然储蓄相对于其他投资方式更安全、稳健、保险，但你也应该意识到一点：理财并不能单纯地依靠"以少积多"，从目前的经济形势来说，储蓄的收益很难战胜通货膨胀。

那么我们应该通过什么渠道来让自己的资金保值和增值呢？这就需要你积极拓宽理财思路，选择合适的理财计划，比如购买股票、基金、外汇、黄金等方式来让"钱生钱"。对于投资者来说，基金是不错的选择，它比股票、外汇更保险，且收益比储蓄高。购买债券也是不错的选择，其价格会随着市场利率的升高而降低，你可以选择收益好的短期债券。

同时，我们都知道黄金是抵抗通货膨胀风险的最好产品，在通货膨胀期间，你可以购买一定金额的黄金，或是与黄金挂钩的理财产品，实现资金的保值和增值。值得注意的是，股票和期货虽然收益大，但都具有高风险。尤其是通货膨胀对股市的影响是巨大的，会引起价格的频繁波动，所以要理性地对股票进行投资。

现在很多人会选择P2P网贷，因为这种投资便利、高收益，可是高收益的同时也伴随着高风险，必须谨慎投资，选择优质的网贷平台。

除了合理投资之外，还必须做好家庭收入的风险管理，合理分配好家庭收入：可以拿出一分钱存入银行，作为应急准备金；可以拿一部分钱进行合理投资，让资金增值；还可以拿出一部分钱买保险，使个人和家庭成员的人身和资金得到充分保障。

总之，负利率时代的到来，对于老百姓的财富是有影响的，我们需要理性地面对负利率，进行积极冷静的投资，从而促进资产的保值和增值。

第五节　看清利率的影响者，才能未雨绸缪

现代经济中，利率的变动对于个人和国家经济的影响是非常重大的。利率的涨跌关系到个人、企业、政府各方的钱袋子。从

微观来讲，利率的涨跌影响着个人和企业的投资收益、投资模式等。从宏观来讲，利率的涨跌则影响着国民经济的投资结构、资金供求关系、物价水平等等。

可以说，利率的高低直接和间接影响着一国经济的发展以及个人投资的利益等问题。那么既然利率如此重要，它又受到哪些因素的影响呢？

现代市场经济环境错综复杂，很多因素都会对利率产生影响和制约。通常情况下，影响利率的因素大致有四个方面：

第一是货币政策。政府制定货币政策的最终目的是为了促进经济的稳定和发展。政府通过调整货币政策，就可以实现提升和降低利率的目的。比如，政府扩大货币供给量，增发纸币的数量，利率就会下降；相反，减少纸币发行的数量，利率就会上升。

第二是财政政策。对于利率来说，受财政政策的影响比较大。通常，当财政支出大于财政收入，也就是出现财政赤字的时候，政府就会公开在市场上借贷，以弥补财政收入的不足。在这种情况下，利率就会有所上升。而政府为了刺激社会需求的增长，采取扩张性的经济政策时，利率会随之下降。

第三是通货膨胀。前面我们说过，通货膨胀会导致纸币贬值、物价上涨，同时，它还可能导致利率的变化。利率的涨跌是与通货膨胀率成正比的，通货膨胀率上升，利率就上升；通货膨胀率下降，利率就下降。

值得注意的是，通货膨胀并不一定影响利率的变化。如果通货膨胀没有引起货币供给量的大幅度增长，那么利率不仅不会下降，反而会有上升的可能，以便弥补货币贬值带来的损失。

最后则是企业需求和家庭需求。企业的需求往往是信贷利率变化的晴雨表，简单来说就是，当企业的信贷需求增加时，利率就会上涨，相反就会下跌。比如，一国经济发展迅速，企业投资成稳定增长，信贷需求也持续上涨，那么利率就会随之上升。而当一国经济发展萎靡，企业收紧投资的时候，就不需要向银行借贷了，那么利率也会随之下跌。

除了这四方面的主要因素外，利率还受到国际利率水平、利率管制、物价水平等因素的影响。总之，许多因素都影响着利率，包括经济因素、政策因素、制度因素等等。而对于个人、企业来说，利率的变动是非常重要的，合理的利率对于我们的生活和投资都有着重要意义。所以我们要看清影响利率的关键因素，未雨绸缪、合理投资。

第六节　基准利率在向我们传递什么信息

金融机构虽然有利率决策的自主权，但是应以央行发布的基准利率为依据。一般来说，基准利率是由中国人民银行来掌控的，央行通过对基准利率的调节来对其他利率施加影响，进而影响市场上的资金流动。

第5课 利率经常调整,你的钱会缩水吗

就是说,基准利率是金融机构的参考利率,它分为存款基准利率和贷款基准利率,对商业银行发布的存款利率和贷款利率具有指导性作用。基准利率上调,商业银行的利率也会随着上调;相反,商业银行的利率就会随之下降。

在金融市场上,其他利率水平或金融资产的价格都是依据基准利率来进行确定的。在利率市场化的条件下,金融机构的货币发放量、投资者的投资收益以及资金在市场的流通都受到基准利率浮动的影响。基准利率就是利率市场化机制形成的重要内容。

2015年,央行决定自10月24日起下调金融机构人民币贷款和存款基准利率,其中金融机构一年期贷款基准利率下调至4.35%;一年期存款基准利率下调至1.5%;个人住房公积金贷款利率保持不变。

截至2019年6月,该基准利率未做出调整,商业银行的存款和贷款基准利率仍为2015年10月24日发布的基准利率。我们来看看目前人民币存贷款的基准利率具体情况:

存款利率		贷款利率		公积金贷款	
利率项目	利率(%)	利率项目	利率(%)	利率项目	利率(%)
活期	0.35	六个月以内(含六个月)	4.35	六个月以内(含六个月)	2.75
三个月定期	1.1	六个月至一年(含一年)	4.35	六个月至一年(含一年)	2.75
半年定期	1.3	一至三年(含三年)	4.75	一至三年(含三年)贷款	2.75
一年定期	1.5	三至五年(含五年)	4.75	三至五年(含五年)	2.75
二年定期	2.1	五年以上	4.9	五年以上	3.25

在我国最重要的基准利率就是一年期存贷款利率,我们经常看到央行宣布加息或降息的决定,而这个加息或降息就是一年期存贷款利率的上调或下调。

那么,基准利率具体有哪些特征呢?

首先是市场化。基准利率是由市场的供求关系来决定的,反映了市场的实际供求状况,同时还能反映市场对未来的预期。

第二是基础性。在利率体系中,基准利率是基础,是其他金融市场利率的参照和依据。

第三是传递性。由于基准利率受市场供求关系决定,所以它直接传递了市场信号。同时,央行也通过基准利率,把调控信号传递到金融市场上,以便其他金融机构做好准备。

最后值得注意的是,基准利率水平的确定绝不是闭门造车就能完成的,央行必须考虑到一些宏观的经济因素,比如全社会资金的供求、企业的利润水平、商业银行的利润水平以及物价水平等。

如果物价持续上涨,央行就会上调存贷款基准利率,以抑制通货膨胀;相反,如果物价水平持续偏低,央行就会下调存贷款基准利率,避免国家出现通货紧缩的情况。2007年12月,为了应对当时的通货膨胀,央行先后6次上调了存贷款基准利率。2008年世界范围内爆发了金融危机,为了缓解金融危机压力,央行又先后进行了5次贷款利率的下调和4次存款利率的下调。2010年10月20日,央行又一次进行加息,调整存贷款基准利率。

而这也说明央行正发挥着利率调节经济杠杆的作用,预防和减轻通货膨胀、金融危机对于金融市场的影响。

第5课 利率经常调整，你的钱会缩水吗

第七节　高利率时代，就是债券的利好吗

有这样一则故事：

1993年年初，克林顿登台不久就召见了格林斯潘，询问道："老爷子，现在经济这么低迷，您觉得我们应该怎么办？"

格林斯潘说："不要着急，我只要挥动手中的魔棒，就可以解决这个问题。"

克林顿惊讶地说："真的？什么魔棒？"

格林斯潘没有回答这个问题，继续神秘地说："只要我挥动这个魔棒，华尔街那帮金融大亨就都得听我的。"

克林顿更好奇了，急切地问道："那是什么东西？为什么有如此魔力？"

格林斯潘笑着说："利率。"

其实，格林斯潘没有任何夸张，利率就是具有如此魔力。1987年10月19日，这一天被华尔街的投资者称为"黑色的星期一"，道琼斯指数在3个小时内暴跌了22.6%，仅仅6个半小时，华尔街股票市值就缩水了5000多亿美元，无数曾经叱咤华尔街的金融家破产，其中就包括当时的亿万富翁亚瑟·凯恩。

为了防止情况继续恶化，格林斯潘下令降低联邦基金利率和市场长期利率，经过几个月的调整，投资者才重新获得投资回报和信心，而美国也有惊无险地渡过了一场金融危机。之后，利率成为格林斯潘手中的一根"魔棒"，调控和引导金融市场的良性发展。

从这个故事我们也可以看出，利率与股票、债券投资有着密切的关系。尤其是对于国债来说，它的价格本身就是利率变动的一种反应形式。这是因为债券价格的形成与变动是基于对远期利率的预期。换句话说，债券市场是受利率政策调整影响最快、最直接的市场。

通常，利率调整会与债券收益成正比，与债券价格变动成反比。利率上调时，债券价格就会随之降低，从而导致债券收益率上升；反之，利率下降时，债券价格就会提升，债券收益率减少。

那么是不是说，利率高，债券收益就一定高呢？

当然不是。这要看债券的实际收益率与票面上的利率是否相同。如果债券的实际收益率比票面利率高，那么投资者就可以获得高收益；可如果债券的实际收益率低于票面利率，那么投资者的收益就会低，甚至可能出现亏损的情况。

比如，某国债发行时，面值100元，一年后到期，年利率5%。当时的银行存款利率是3%，那么这张债券的回报率比无风险利率高2%。可若是半年后，银行利率涨到4%，那么这张债券的回报率就只比无风险利率高出1%。这就是意味着虽然投资者是有收益的，但回报率却下降了。

第6课 汇率正在悄悄发生变化，这意味着什么

货币值不值钱，关键看它的汇率如何变化。对于任何一个国家来说，汇率都是一把"双刃剑"，直接影响着一国的国民收入、物价水平。而各个国家也想方设法利用货币手段发动一场场没有硝烟的战争，目的就是提升本国货币价值，掌握国际贸易主动权。

第一节　汇率变化，对我们影响有多大

随着经济全球化的发展，各国之间的金融往来越来越紧密，汇率作为国与国之间经济往来的重要桥梁，自然也发挥着重要的作用。它不仅是国际贸易中最重要的调节杠杆，影响着本国商品在国际市场上的价格和成本乃至国际竞争力，还对于本国经济发展有着重要影响。

汇率的变化直接影响着一国的国民收入、物价水平的变化。汇率下降，本币就会贬值，导致进口商品在国内的价格上涨，从而导致其他消费品和原材料价格上涨，物价总水平随之也会上涨。反之，物价总水平就会降低。

在这之前，我们必须了解什么是汇率。汇率就是一国货币兑换另一国货币的比例，是用一种货币表示另一种货币的价格。由于各国货币的名称不同、币值不同，使得国际贸易造成了很大阻碍。所以，一国在对外交易时，需要把它兑换成国外货币才能进行正常的交易流通。

在我国，外汇的范围主要有以下五种，即外国货币，包括纸币、铸币；外币支付凭证，包括票据、银行存款凭证、邮政储蓄凭证等；外币有价证券，包括政府债券、公司债券、股票等；特别提款权、欧元；其他外汇资产。

汇率是两种货币之间的比价,因此汇率是多少,必须先确定用哪个国家的货币作为标志。因此,外汇汇率标价的方法也有所不同,通常有两种标价方法:一是直接标价法,即以外币为基准货币进行标价。简单来说就是购买一单位外币应支付的本币金额,所以这种标价方法也叫应付标价法。

在国际外汇市场上,绝大多数国家都是采取直接标价法,我国也不例外。比如,2019年6月5日,人民币对美元汇率为6.9067,也就是说兑换1美元应支付6.9067人民币;当日,人民币对日元汇率为0.0639,就是说兑换1日元应支付0.0639元人民币。

二是间接标价法,即用本币为基准货币进行标价。在国际外汇市场上,欧元、英镑都是采取间接标价法。比如,2019年6月5日欧元兑换美元汇率为1.1263,就是说兑换1欧元应支付1.1263美元。

汇率的变化对于兑换双方都是非常重要的,它直接影响到哪种货币较为值钱,哪种货币较为不值钱,本国国币是升值还贬值。2018年,人民币对美元汇率总体上呈贬值态势,年初汇率为6.4967,而到了年末上涨到6.8658,人民币贬值幅度高达5.38%。这是因为2018年经济增长为6.6%,较上年回落0.2%,而美国经济总体强劲,比上年加快0.6%。还有一个重要因素是,2018年中美贸易摩擦升级,美国开始对中国加增产品征税,使得国内外市场信心受挫,人民币汇率持续贬值。

人民币贬值对于国民经济和老百姓的生活影响还是很大的,在房价、股市以及出国留学和旅游方面影响尤其显著。

2018年，有钱的人把钱转移到国外，以便保全自己的资产，这必然伴随着本国资产的暴跌。与此同时，房产成为一种较可靠的保值增值资产，所以人们开始增加对房产领域的投资，从而推动了房价的大幅上涨。随后人们更倾向于投资房产和美元，部分资金从股市撤离，导致股市资金的流动，引发股价下跌。同时，股民的信心受到打击，股市出现了大利空。

至于对留学和旅游的影响就更好理解了，人民币贬值了，留学和旅游费用自然就增加了。同样的留学和旅行费用，比之前要多支付更多的人民币。这导致很多留学生家长和出国旅游者急于去银行兑换美元，而这更刺激了美元的增值，人民币的贬值。

既然汇率变化影响巨大，那么我们就应该了解汇率变动的原因。事实上，影响汇率变动的因素很多，并且并不是一国政府能够控制或者完全控制得了的。决定汇率高低的因素主要包括两种货币的价值高低、国际收支状况、通货膨胀率、利率水平以及各国汇率政策和中央银行对外汇市场的干预程度。

了解影响汇率变化的因素，我们就可以未雨绸缪了。

第二节　如何在外汇市场有智慧地赚差价

罗杰斯在一次采访中表示，自己就是凭借着低买高卖在金融市场中获利的。没错，有智慧地赚取差价是很多投资者运用的且便捷有效的赚钱方式。外汇市场也不例外。

随着人们生活水平的提高，越来越多人喜欢到国外旅游，享受不一样的异域风光。而出国旅游就免不了兑换外币、计算汇率，可兑换外币却不是简单的事情。盘算好了，可以让给你少花很多钱，盘算不好，则让你花了冤枉钱。

魏女士便是一位善于盘算的人，时常带着女儿到美国、韩国、日本等地旅行。魏女士会根据国内和国外的汇率差来兑换外币。比如，有一次她到韩国旅行，人民币兑换韩元的比例是1人民币兑换170.7767韩元，而美元兑换韩元的比例是1美元兑换1181.9800韩元，人民币兑换美元的比例是1人民币兑换0.1445美元。如果把人民币换成美元，然后再把美元兑换成韩元，那么魏女士用1元人民币可以换170.7961韩元。也就是说，魏女士每兑换1万元人民币，可以多获得7961韩元。

这让我们想起一个著名的故事：

故事发生在美国和墨西哥边界的小镇上，一个单身汉每天都会喝上一杯啤酒，并且声称这啤酒是免费的。天下哪有免费的啤酒？这单身汉说的究竟是怎么回事呢？很简单，他利用了美国和墨西哥的汇率差。

在墨西哥一杯啤酒的价格是0.1比索，他付给商家1比

第6课 汇率正在悄悄发生变化，这意味着什么

索，找零回来0.9比索。当时美元和比索的汇率是1美元兑换0.9比索，于是他来到美国边境的小镇，用这0.9比索换回1美元。在美国的小镇上，啤酒的价格也是0.1美元，他又用0.1美元购买一杯啤酒，找回0.9美元。

这还没有完，这个单身汉又回到了墨西哥的小镇，因为这里美元和比索的汇率是1∶1.1，于是，他又用0.9美元兑换了1元的比索。也就是说，这个单身汉利用了美国和墨西哥的汇率差，喝到了两杯免费的啤酒。只要我们能够有智慧地利用汇率，那么也能够在外汇市场上为自己赚取更多的钱。

不要小看这个数值，试想，如果换作大额的国际贸易呢？个人和企业若是能够智慧地在外汇市场赚取差价，那么便可以为自己赢得更多的利润空间。也正是因为如此，人们开始做起了外汇交易，即买入一种货币或卖出另一种货币，从而利用差价来获得收益。

外汇市场是一个即时的24小时交易市场，每天从悉尼开始，并且随着地球的转动，全球每个金融中心依次开始，交易的货币主要包括：美元、日元、欧元、英镑、瑞士法郎等。外汇交易主要包括满足客户真实需求的贸易、资本需求进行的基础外汇交易以及在基础外汇之上，外汇衍生工具交易。外汇交易主要可以分为现钞、现货外汇交易，合约现货外汇交易，外汇期货交易，外汇期权交易等。

需要注意的是，由于外汇受到一国经济、社会、政治事件的

影响，波动非常频繁，且外汇交易不像股票、基金等交易一样在固定的交易所进行，只是通过电话或是电子交易网络进行，所以外汇交易具有高风险性。投资者应该审慎地选择投资，切不可为了获得高收益而盲目投资。

第三节　了解汇率制度，才能把握市场走向

　　汇率作为一国经济配置的重要工具，其水平和机制都关系着国家经济的发展。而汇率制度直接规定一国对于确定、维持、调整与管理汇率的原则、方法、方式和机构等，规定一国究竟使用固定汇率还是浮动汇率。

　　了解汇率制度之前，我们先了解什么是固定汇率和浮动汇率。

　　固定汇率并不是指汇率完全固定不变，而是围绕着一个相对固定的平价的上限和下限范围波动。在金本位制度下，铸币的平价就是汇率的标准，汇率的变化受到黄金输送点的影响。当汇率高于上限或是低于下限时，政府就会采取相应措施维护汇率的稳定。在布雷顿森林体系崩溃之前，美元是国际货币的统治者，而西方各国基本上都采取固定汇率。

　　浮动汇率，是相对于固定汇率来说，政府不干涉汇率的涨

跌，而是根据市场供求关系浮动。1971年8月15日，美国实行浮动汇率，而布雷顿森林体系崩溃之后，世界各国也开始普遍实行浮动汇率。

当然，实行浮动汇率也不代表政府就任由汇率上升或是下降，要知道汇率大幅度波动，对于国家经济影响是非常大的。目前，政府对本国货币的汇率不采取任何干预措施、完全采取自由浮动汇率的国家几乎是不存在。各国政府通常会维持汇率的稳定，适当地通过货币政策、财政政策对汇率的变化进行调控。

由此，采取固定汇率来维持、调整和管理货币汇率的制度被称为固定汇率制；而按照浮动汇率来维持、调整和管理货币汇率的制度被称为浮动汇率制。那么这两者又有哪些优势和缺陷呢？

首先是固定汇率制，它不仅有利于一国经济的稳定发展，还有利于国际贸易、国际信贷、国际投资的经济主体进行利润核算，避免了汇率波动的风险。可是正因为如此，它不能发挥调节国际收支的杠杆作用，还可能导致国内经济发展失衡。

比如，一国出现国际收支逆差，但是本币汇率不变，那么本币就会成为软币。为了促使国内货币不贬值，政府就会采取相应的紧缩性货币政策，使得国内经济受到抑制。

其次是浮动汇率制，它的优势在于可以发挥调节国际收支的杠杆作用，外汇市场的供求关系直接影响着货币的升值和贬值，从而影响着一国的出口和进口。同时，浮动汇率增进了经济自由化，促进了各国之间的贸易来往。

它的缺陷在于汇率的变化未必能够有效地调节国际收支平

衡，如果一国发生财政赤字，又出现大量资金内流的现象，那么就很可能加剧国际收支逆差；一旦投资者出现不理性行为，价高时买进，价低时卖出，那么就会导致外汇市场发生巨大波动。

所以，在现行的国际货币制度下，大部分国家实行有管理的浮动汇率制度，既允许汇率随着货币供求关系发生浮动，又发挥政府的调控、管理作用，维护汇率变化的合理性和相对稳定性。这样一来，不管是对于投资者还是国家经济来说都是有益的。

2005年7月21日，我国从原本的紧盯美元的汇率制度，改为以市场供求为基础、参考一篮子货币进行调节、有管理的浮动汇率制度。当时，美元对人民币交易价格调整为1美元兑换8.11人民币，此后每日银行外汇市场美元对人民币的交易价可以在人民银行公布的中间价上下千分之三幅度内浮动。

而所谓的一篮子货币就是某一外币在组合中所占的比重，通常以该外币在本国国际贸易中的重要性为基准。比如，我国进出口有40%以美元计价，那么美元在该国的一篮子货币中所占的权重就是40%。

我国实行浮动汇率制之后，央行会根据市场供求关系以及经济金融的形势，适当地调整汇率浮动区间，维护人民币汇率的正常浮动，从而促进国际收支的基本平衡。而此次汇率制度的改革，促进了货币交易市场的活跃发展，对于我国进出口贸易具有很好的推动作用。2006年之后，随着经济高速发展，人民币在一路高升之后保持平稳。

第四节 外汇储备量，代表着什么

一国想要与他国进行国际贸易，就必须持有相应的他国外币。而政府所持有的，有自由支配权的储备外国货币就是外汇储备。外汇储备包括外国货币、外币存款、外币有价证券以及外币支付凭证。而外币有价证券主要包括政府公债、国库券、公司债券、股票等；外币支付凭证主要包括票据、银行存款凭证、邮政储蓄凭证等。

外汇储备，主要用于在国际上的支付，是一个国家国际储备的重要组成部分，可以用来在国际金融市场上支付自由买卖，也以用来偿付国际债务。可以说，一国外汇储备是财富的象征，拥有足够的外汇储备有利于提高一国国际信誉和地位，还可以提升一国抵抗金融风险的能力。

与此同时，外汇储备也是一国进行经济调节、实现内外收支平衡的重要手段之一。比如，当一国出现国际收支逆差时，动用外汇储备就可以填平逆差，实现国际收支平衡；当国内社会关系总需求大于总供给时，政府就可以扩大进口，利用外汇储备来进口人民所需商品，促进消费的稳步提升，从而刺激经济平衡发展。在国际贸易越来越发达的当代，外汇储备就是实现经济平衡不可缺少的手段，有助于拓展国际贸易、吸引外国投资、降低国内企业融资成本。

以我国为例，我国的外汇储备始终都是处于平稳上升的状态，2000年起开始呈现快速增长趋势。2005年末我国外汇储备高达8188.72亿美元，居全球第二位。2010年3月稳居全球第一位，外汇储备规模已达24470.84亿美元。而到了2019年5月末，我国外汇储备规模为31010亿美元，升幅为0.2%。有了强大的外汇储备支持，我国的进出口贸易蓬勃发展，在美国对我国发起贸易战、增收关税的情况下，创造条件增加进口外贸产品，维护了国内经济发展的平衡。

同时，强大的外汇储备也让我国抵御住了金融风险。最为典型的事件就是1998年8月，索罗斯旗下的对冲基金对香港以及亚洲各国和地区发起了连续阻击，港币利率急升，恒生指数暴跌。金融危机一触即发，在中央政府1280亿美元的外汇储备作为坚实后盾的前提下，香港特别行政区政府动用了大量外汇储备，毅然全数买进索罗斯抛售的股票，最终挽救了香港股市、稳定了香港经济。

既然外汇储备如此重要，那么是不是说外汇储备越多越好？一个国家想要强大，更好地调节国内外经济状况就应该无限度地提升外汇储备？

当然不是。外汇储备是以储蓄的方式存放在央行的，政府持有资金过多，那么用于投资、建设的资金就会减少，从而影响国内经济的发展。大量的外汇储备会因为汇率变动而产生巨大风险，比如我国外汇储备主要是美元，若是美元大幅度贬值，那么我国外汇储备的实际价值也会下跌。一旦中美关系发生摩擦，我国持有的美元资产也有可能被冻结。比如20世纪末美国的次贷危机导致美元严重贬值，美元汇率持续走低，而我国的外汇储备随之严重缩水；同时，随着外汇储备的持续增加，本国货币升值压力加大，迫使政府用更多的方法来维持货币的稳定。大量地囤积外汇，还可能会导致热钱的流入。

更为重要的是，因为外汇储备为各国央行购买和持有，会导致基础货币量和市场货币供应量的增加，从而进一步导致银行信贷扩张，诱发通货膨胀。

总之，任何事物都必须有一个"度"，超过了这个度，事物就会向相反的方向发展，造成不良后果。外汇储备也是如此，外汇储备的持有规模应该根据本国经济发展、对外贸易水平以及国际货币市场供求关系来确定，保持适度的规模，国家经济才能更好地发展。

第五节　扒一扒黄金和美元那些事

黄金是一种金属，原本它只是用来装饰的饰品，没有其他重要的用途，可自从它代表了货币之后，就成为财富的代表，具有强大的魔力。

随着货币制度的发展，黄金以其特殊的优越性成为重要的本位币，并且逐渐形成以黄金为本位币的金本位制度。在金本位制下,每单位的货币价值等同于货币含金量,而国与国之间的汇率也是由它们各自货币的含金量来决定的。

英国是最早实行金本位制的国家,1821年英国开始以法律的形式在本国建立金本位制。由于当时英国是世界霸主,其影响力非常巨大,所以其他国家开始纷纷效仿,在此后的半个多世纪,世界各主要工业国都采取了金本位制,使得黄金成为统一的世界货币。1900年,美国《金本位法》正式确立,美元确定了跟着黄金走。

其实,北美独立战争之前,美国的官方货币是英镑,而美国独立之后,国会正式立法通过将"元"(Dollar)作为美国的法定货币单位。此时,美国实行的是银本位制,美元的最初价值被定为0.8盎司的白银。之后又确定采用金银复本位制,1美元折合371.25格令纯银或24.75格令纯金。

到了美国南北战争时期,联邦政府每天支付的美元高达150万,根本没有足够的真金白银来支付相关费用。在这种情况下,联邦政府不得不宣布废除金银复本位。

由于战争费用持续飙升,引发了严重的通货膨胀,当时的物价是战前的180%。战后,当经济逐渐稳定下来时,美国国会于1873年通过了《铸币条例》,强调金币铸造的合法性,这意味着美国进入了金本位制时代。

然而从1874年起,美国西部各州发现了大量银矿,一时间,白银供应量急剧增加。恰好此时欧洲主要国家纷纷从银本位或金银复本位制变为金本位制度,导致国际市场银价急剧下跌。美国银矿主们利益受损,便联合当时的农场主,要求政府购买他们的白银。就这样，美元体系又恢复了金银复本位货币制度。

受供求关系的影响，白银兑黄金的价值持续下降，人们开始用绿背钞、金库兑换券和银币等兑换美国国库的黄金储备。这影响了人们对于美国的黄金储备的信心，从而引起1893年的经济恐慌，导致美国数千家企业破产，数百家银行倒闭。正因为如此，1900年，美国《金本位法》正式确立，最终确定了金本位制。

虽然之后由于第一次世界大战的爆发，英国、丹麦、瑞典等欧洲国家开始放弃金本位制，各国禁止黄金交易和黄金输出，但是黄金作为财富的标志，依旧在金融世界起到重大的影响。

而第二次世界大战后，建立了以美元为中心的国际货币体系，美国国内不流通金币，但是允许其他国家政府以美元向其兑换黄金。这实际上是一种金汇兑本位制，奠定了美元在世界货币的领导地位，最终取代英镑成为国际金融市场上的霸主。

这是因为美国本土远离战场，经济未遭到破坏，反而还发了战争横财。战争结束后，美国工业制成品占世界一半，对外贸易占世界三分之一以上，黄金储备占资本主义世界的四分之三。美国以强大的经济实力为后盾，抬升美元的国际货币价值，建立了以美元为中心的布雷顿森林体系。

1944年7月，西方主要国家的代表聚集在一起，召开了国际货币金融会议，成立了国际货币基金组织和世界银行，并且签订了关税总协定。该体系是以黄金为基础的，确定美元为最主要的国际储备货币。美元与黄金挂钩，而其他货币与美元挂钩，各国货币可以按照35美元一盎司的官价向美国兑换黄金。同时，该体系确定了以黄金—美元为基础的固定汇率。

简单来说，布雷顿森林体系确立之后，美元就等同于黄金，它具有世界货币的职能，各国的货币都依附于美元。最重要的是，1929年至1933年的资本主义世界经济危机，引发了货币制度危机，导致金本位制崩溃。而该体系的建立则再一次确定了黄金作为本位币的价值，同时还使得国际货币金融关系得以稳定。

不过随着各国经济的发展，美国的经济霸主地位逐渐被撼动，美元的霸主地位也逐渐被削弱。20世纪70年代，美元危机发生，金汇兑本位制开始逐渐动摇，到了1971年8月，美国停止美元兑换黄金，而这也标志着该体制的崩溃。

第六节　让整个世界为之震动的"马歇尔计划"

美元霸权是美国构建超级大国的基础，当美元在国际货币体系中的作用和它的威慑力扩大到各个盟国的时候，那么它的霸主地位就已经安全确定了。

布雷顿森林体系的形成，宣告了英镑作为世界货币走下神坛，美元则因为美国经济政治的强大而开始崛起。不过，真正让美元成为世界货币体系绝对核心的关键还在于赫赫有名的马歇尔计划，它是由当时美国国务卿马歇尔将军提出的。

第6课 汇率正在悄悄发生变化，这意味着什么

二战结束后，战争使得西方绝大部分国家经济受到重创，欧洲大陆上的著名城市华沙和柏林几乎成为一片废墟，其他城市如伦敦、鹿特丹等也受到了严重破坏，尤其是交通运输设施，战争中铁路、桥梁以及道路等破坏严重，使得某些地区几乎与外界的联系断绝。

欧洲经济急需重建和复苏，但是大多数陷入战争的国家的国库已经消耗殆尽，根本没有能力进行战后重建。此时，马歇尔提出了欧洲复兴计划，声称美国会援助欧洲经济从战争中恢复和重建。在1947年6月5日的一场演讲中，马歇尔提出美国已经做好了帮助欧洲复兴的准备，并且号召欧洲人民团结起来，共同规划一个属于自己的重建计划，最后由美国提供资金支持。马歇尔计划持续了4年，先后通过经济合作与发展组织向西欧各国提供了包括金融、技术、设备等各种形式的援助合计130亿美元。

原本马歇尔计划也曾经把苏联及其在东欧的卫星国作为援助对象，可条件是被援助国必须参与欧洲统一市场的建设，放弃部分经济主权等条件。这一条件当然遭到苏联的拒绝，所以该计划也就把苏联以及盟国排除在外。

马歇尔计划确实起到了重建和复苏欧洲经济的作用，当计划临近结束时，绝大部分国家除了德国外，国民经济已经恢复到战前水平。1948年至1952年欧洲经济的发展是历史上最快的时期，工业生产增长了35%，农业生产超过了战前的水平。之后，整个西欧进入了长达20年的空前发展，社会经济发展非常迅速，社会空前繁荣。同时，很多经济学家认为马歇尔计划是促进欧洲经济一

体化的重要因素，使得西欧各国的经济联系越来越密切，打破了各国之间的关税及贸易壁垒。

而对于美国来说，这一计划更是巩固了美国经济霸主地位，使得美元变得炙手可热。

我们知道，战争对于美国本土的影响并不大，但是美国当时的经济发展并不理想。二战期间美国GDP快速增长，但整体增速不大，并且有下行的趋势。1946年后，美国GDP增长停滞，失业率大幅上升，煤、食品、运输设施等工农业领域产能过剩。1947年8月，美国居民生活费用比1939年的高出了60%，比前一年同期高出20%。马歇尔计划后，美国不仅走出之前的经济低谷，还促使之后几十年都处于持续繁荣发展态势。

为了恢复经济发展，西欧各国都急切想要得到更多美元，这促使各国大力提倡和鼓励向美国出口，向美国提供大量产品和服务。换句话说，西欧国家为了得到更多美元，必须依赖于对美国出口。这意味着美国只需开动印刷机，大量地印刷美元，就可以换取自己想要的东西——这也促使美国以绝对的优势影响甚至控制了西欧国家的经济，打开了产品输出的大门。

具体表现为，西欧国家必须采购美国产品，使得美国本土过剩产能能顺利地输出；《关贸总协定》在保护美国本土贸易的同时，消除了对欧洲出口的关税壁垒，使得美国彻底打开欧洲市场。

可以说，马歇尔计划对美国和世界影响都是巨大的，它帮助了西欧各国度过了困难，恢复和巩固了西欧资本主义经济稳定，同时也使得美国在经济上控制了西欧市场，成为世界经济霸主。

第6课 汇率正在悄悄发生变化，这意味着什么

第七节 美元的起伏与其背后的政治关系

从美元开始登上国际货币舞台，虽然一时升值一时贬值，但是始终是国际货币体系的核心。布雷顿森林体系把美国确定为储备货币国，与美国经济霸主地位是分不开的。但也正是因为如此，该体系的瓦解与美国经济霸主地位的减弱有着直接关系。

1949年，美国的黄金储备为246亿美元，占整个资本主义世界黄金储备总额的73.4%。可随着其他国家经济的崛起及美国本国经济的低迷，美国国际收支逆差逐步增加，黄金储备也随之日益减少。

20世纪六七十年代，美国深陷越南战争的泥潭，耗费了至少2500亿美元的军资。60年代末直至整个70年代，美国经济处于一个长期停滞的阶段，经济环境恶化。具体表现为财政赤字巨大，国际收入情况恶化，美元的信誉受到冲击，爆发多次美元危机。

比如仅仅1968年3月的前半个月，美国黄金储备就流出14亿多美元，3月14日伦敦黄金市场的成交量达到350吨-400吨。美国失去了维持黄金官价的能力，只能宣布不再按每盎司35美元官价向市场供应黄金，市场金价自由浮动。

1971年7月，美元爆发第七次危机，美国宣布实行"新经济政策"，停止各国用美元兑换黄金义务，这意味着美元与黄金脱钩，支撑美元作为国际国币的一大支柱已经倒塌。1973年3月，欧

洲9国在巴黎举行会议，决定各国对美元实行"联合浮动"，彼此之间实行固定汇率。这意味着美元的固定汇率制度完全被打破，布雷顿森林体系彻底瓦解。

该体系瓦解之后，美元的绝对统治地位不再，再加上世界多极化发展，日本、德国、第三世界国家经济的迅猛发展，美元一统天下的局面不复存在。

但是美元仍是最重要的世界货币，虽然美元与黄金脱钩，成为完全意义上的"信用货币"。但是，由于美国经济实力强大、军事、政治、科技实力都处于世界领导地位，所以在当今的全球贸易中，美元依然是石油、铁矿等大宗商品的国际结算货币。在国际储备体系中，美元资产依旧占据70%以上。

可很多人认为，正是因为当前世界主要的大宗商品都是以美元来计价，中国、日本以及欧洲国家都被美元绑在了一条船上，金融危机爆发之后，美元贬值就成为必然。2008年金融危机之后，美元出现大幅度贬值，甚至是自美元产生以来最猛烈、最快速的贬值。经过这次金融危机，美元的问题暴露无遗，美国得克萨斯州共和党国会议员让·保罗也认为美元最终会退出流通，为此他决定参加2008年总统竞选，希望能彻底改变这个问题。虽然他最终放弃了竞选，但是却赢得了民众的赞同，在网络上支持率极高。

彼得·希夫曾经在《美元大崩溃》一书中这样说道："我们正处在金融体系全面崩溃的边缘，现在所经历的只不过是一个序曲，真正的灾难才刚刚开始。"

第7课 理财不用懂太多，重在知"规则"

金融是一个宏观的概念，也是一个微观的概念。对于个人来说，每天都与钱打交道，每天都生活在金融世界之中，既然如此，我们就应该懂得些投资理财知识，弄明白金融学里的"规则"。

第7课 理财不用懂太多，重在知"规则"

第一节 杠杆原理：
使用好小钱，完全可以赚大钱

阿基米德说："给我一个支点，我就能撬起整个地球！"使用杠杆时，只要你运用的力臂足够长，那么就可以撬动足够大的物体，并且让自己节省更多的力气。在金融学里，杠杆原理也得到了充分而巧妙的利用，只要你善于利用这个原理，便可以用小钱赚取巨大的财富。

简单来说，金融杠杆就是一个乘号，使用这个工具，你的资金成本很小，相应的风险和收益或是损害就会被放大。在资金被放大之后，不管是收益还是损失，都会以一个固定的比例增加。

举个例子：

你有10万元资金，用它做服装生意，一年之后本金和收益加起来共12.3万元。那么这2.3万元就是你的收益，是用10万元本钱赚回来的利润。在这个过程中，你没有利用金融杠杆，资金也没有被放大。

后来你不再做服装生意，想要选择回报率更高的项目进行投资，于是便拿着这10万元本钱去投资超市。可开超市并不是简单的事情，10万元本钱远远不够，你便向银行贷款40

万,一年至三年商业贷款利率为4.75%,一年后你必须向银行支付1.9万元的利息。

之后,经过一年的辛苦经营,你的超市经营状况不错,盈利达到了12万元。也就是说,你这1.9万元撬动了40万的资金,并且为自己赢得了12万元的利润。

这就是简单的应用杠杆的原理。通常我们向银行贷款,就是利用了杠杆的原理,支付一小部分利息来撬动银行的一大笔资金。至于撬动资金的大小,是由杠杆率来决定的。杠杆率就是一个公司资产负债表上的风险与资产之间的比率,不仅反映一个公司的负债风险指标,还反映了该公司的还款能力。一般来说,高杠杆率就代表着撬动资金的数额越高,其风险也就越大。

目前国际银行的杠杆率为3%,而我国的商业银行杠杆率不低于4%。而杠杆率的倒数就是杠杆倍数,杠杆倍数越大,银行盈利空间就越大,面临的风险也随之增高。

2017年6月,我国银行业金融机构杠杆率为7.67%,杠杆倍数为13.04倍。其中,国有商业银行杠杆率为7.89%,杠杆倍数为12.67倍;股份制商业银行杠杆率为6.56%,杠杆倍数为15.24倍;城市商业银行的杠杆率为6.55%,杠杆倍数为15.27倍。而国外投资银行的杠杆倍数普遍比较高,美国美林银行的杠杆倍数在2007年是28倍,摩根士丹利的杠杆倍数在2007年为33倍。而金融投资方面杠杆倍数更高,比如外汇保证金交易,杠杆倍数多为10倍、50倍、100倍、200倍、400倍。

杠杆原理，说白了就是利用自己的小钱来撬动别人的大钱，而很多在金融投资市场获得巨额利润的人靠的就是杠杆。

在现实生活中，绝大部分人都希望能利用杠杆获得更多收益，比如炒房炒股炒外汇，而且一旦尝到甜头之后就开始盲目投资，结果当行情不好时，杠杆的巨大威力使得其所有资金化为泡影。

2003年至2004年期间，我国房市发展势头非常好，于是房产市场上便出现一批"炒房团"。他们利用杠杆原理从银行贷款炒房，低买高卖，获得了不少的收益。当时温州炒房团高达10万人，动用的民间资金高达1000亿元，使得楼价持续攀升。

之后，为了稳定楼市，政府出台相关政策限定房价上涨，再加上房屋有价无市的影响，房价持续开始走低，个别城市楼盘暴跌。这促使杠杆的风险性突出表现出来，绝大多数炒房者损失严重，成为负债累累的富翁。

股票、期货的投资，杠杆的风险就更大了。比如你投资50万的股票，加了3倍杠杆，那么一个跌停，你的本金就只剩下7.5万，再有一个跌停，你的本金就只有4.5万。一夜之间，你的资金就可能化为乌有。

可以说，在金融投资领域，你可以利用金融杠杆一次性暴富，但是也可能一次性血本无归。投资的过程中，我们不能只看到其高收益忘了高风险，尤其是风险不可测时，一定要谨慎再谨慎。

第二节 复利原理：金融世界的财富"奇迹"

了解复利原理之前，我们首先看一个故事：

古印度的宰相西撒班达伊尔发明了国际象棋，舍罕王便问他需要什么奖励，只要他提出来一定会满足他的要求。西撒班达伊尔却说："亲爱的国王，我不需要什么金银财宝，只要麦子。"

说完他拿出了一个小小的国际象棋棋盘说："您在这张棋盘的第一格放一粒麦子，第二格放两粒，第三格放四粒，以此类推，以后每一格都比前面一格多一倍。然后您把这64格里面的麦子都赏给我就可以了。"

舍罕王听了之后，觉得宰相实在是太容易满足了，当场就答应下来。可是，当他让手下放麦子时就后悔了，因为他发现就算把整个国家甚至全世界的麦子都拿过来也满足不了宰相的要求——按照这种算法，放满整个棋盘竟然需要18446744073709600000粒麦子，高达4610亿吨。即便按照现在全球麦子的产量来计算，满足宰相的要求也是一个大难题。2019年全球小麦产量预计7.775亿吨，这需要593年才能满足宰相的要求。

这个故事就足以证明复利的力量是伟大的。著名科学家爱因斯坦曾经说:"复利是世界第八大奇迹,其威力比原子弹更大。"那么究竟什么是复利,它又是如何计算的呢?

复利就是在每经过一个计息期后,要将所生利息加入本金,再进行下期利息的计算。这样一来,上一期的利息都加入了本金,这就是我们所说的"利生利、利滚利"。复利的计算公式是:$S=P(1+I)^N$。S是最终收益,P是本金,I是利率,N是计息期数。

由于计算时需要把利息计入本金,所以每一期的本金都是不一样的。所以我们需要弄清楚两个基本概念,即复利现值和复利终值。

复利现值是在计算复利时,要达到未来某一特定资金金额所主要投入的本金;复利终值是在约定期限后,逐期利滚利之后所得到的约定期末的本金之和。

比如,养老金的计算就是利用复利的计算方式。你目前是30岁,想要在60岁时筹到20万的养老金。假设理想状态中的年收益率为3%,那么现在你投入的本金必须不少于200000/$(1+3\%)^{30}$,即82397元人民币。

再比如,你拿出10万元来投资,以每年12%的收益率来计算,第二年的收益计入本金就是11.2万,然后这11.2万作为本金再进行投资,等到10年之后,你的本金加利息就是10

（1+12%）^{10}=31.05万。而且这笔投资还将继续以更快的速度持续增长，15年之后达到54.73万，20年后高达96.46万。

因此可以看到，想要利用复利来实现财富的增值，除了本金之外，时间是最重要的因素。时间越长，复利产生的效应就越大；投资的时间越早，复利带来的收益就越大。股神巴菲特说过："复利有点像从山上往下滚雪球。最开始时雪球很小，但是往下滚的时间足够长，而且雪球黏得相当紧，最后雪球会很大很大。"

巴菲特曾经举了一个例子，他在1942年花114美元买了一只股票，可如果用这笔钱买美国的S&P500指数，那么77年之后，他将获得60万美元的收益，最终收益是最初本金的5288倍，年收益率达到了11.8%。最为重要的是，如果年收益率上升仅仅一个百分点，那最终收益也将上升一半。

虽然除了在理想的投资状态中，100%的复利增长是很难实现的，但是即便达不到100%，复利的增长速度也是非常惊人的。在理财的过程中，我们需要早投资、持续投资，只要投资方向是对的，那么就不要抱怨收益太少。设定一个长期可行的方案并且持之以恒，那么成功就会离我们越来越近。

还要注意的是，复利的收益是巨大的，一旦出现亏损其损失也是惊人的。这就需要我们在投资时及时止损。年收益率上升一个百分点,你的收益会上升一半;可若是年收益率下降一个百分点,那么你的收益就会下降一半。

第三节 二八定律:不走寻常路

意大利经济学者帕累托曾经说:社会上20%的人,占有80%的社会财富。

这就是我们时常说的二八定律,是帕累托偶然之间发现的,之后他做了详细的调查,并且发现大部分财富都流向了少数人手中,同时发现一个族群占总人数的百分比与他们享受的总收入具有一定微妙的关系。经过大量的调查,他发现社会上20%的人,占有着80%的社会财富。

之后人们还发现,这种现象适用于财富在人口中的分配不均,同样也可以适用于任何事物和领域。也就是说,在任何一组东西中,最重要的只占大约20%,其余80%尽管是绝大多数,却并不占据重要位置。

根据二八定律,我们发现投入和产生、努力和报酬存在着一种不平衡的关系。这种不平衡关系具体体现为:80%的产出,来自于20%的投入;80%的成绩,归功于20%的努力。

具体来说,企业中20%是管理骨干,80%是基层员工,可往往决定企业未来发展的恰好是那20%;你每天的工作计划只有20%是重要事务、关键问题，80%是繁杂小事，可只要你能完成这20%，就可以大幅度提高工作效率。这20%的事务决定了80%的结果。每个人都有很多目标，但是只有20%是关键目标，它却可以决定你的财富、未来、圈子。只要你专注于这20%，在某一领域做到出类拔萃，那么成功就成为自然而然的事情了。

我们可以看一个事例：弗兰克·贝特格是美国最著名的保险推销员，他开始推销保险时业绩并不好，虽然他对工作充满了热情。这让他感到非常气馁，并且感觉自己并不适合做推销员。可就在他打算辞职时，他不甘地问自己："为什么我的业绩这么不好？""我的问题出在哪里呢？"

贝特格开始回忆自己寻找、拜访客户的具体情况，发现自己拜访了很多人，可是每到最后成交时，对方都会说考虑一下。之后，他花费很多时间在这样的客户身上，可是收效并不大。

为了找到问题所在，他详细研究了过去12个月的工作记录，发现70%保单都是在首次见面时成交的；23%保单是在第二次见面时成交的；只有7%的保单是第三、第四、第五次见面时才成交的，而这7%的保单却花费了他绝大部分时间。于是，他不再纠结于那些犹豫不决的客户，而是把时间花在寻找新的客户之上。

结果贝特格发现，当他把大部分时间和精力用来寻找新客户时，他们为自己带来了80%的保单。之后，贝特格开始更好地运用二八定律，业绩突飞猛进，成为美国最伟大的推销员。

这告诉我们，在你推销产品的时候，绝大部分业绩都是20%的活跃客户带来的。只要你服务好这20%的重要客户，进行渗透式的营销，那么就可以获得更多的收益。

有一个钻石商人，他也利用二八定律为自己赚取了一大笔财富。这位钻石商人认为想要生意兴隆，就必须寻找有价值的潜在客户，而不是广撒网、多捞鱼。毕竟钻石属于奢侈品，并不是普通消费者能够买得起的，只要把精力集中在高收入阶层，包括富人、中高收入阶层，那么这20%的客户资源就可以给自己带来巨大的收益。

为此，他找到一家高档百货商店，租用了一处位置最好的柜台，结果没过多长时间，他的日销售额就高达几千万日元。除此之外，他还利用各种方式把自己的钻石介绍给那些富人，包括各种高级消费场所的常客、各大珠宝行的高级会员，很快商人的钻石生意越来越好，几年内就在日本开设十几家连锁店。

其实，现在很多高档商品或是奢侈品的营销都是利用了二八定律，它们都是普通人消费不起的高档品，而世界上80%的财富又都掌握在少数人手中。所以即便你花费时间在这20%人群之外的消费者身上，那么收效也是非常小的。

从某种程度上来说，二八定律就是效率定律，就是告诉我们如何用最少的时间做最有价值的事情，同时创造出更多的财富。而对于投资理财来说，我们就需要把主要时间和精力投放在收效最大的项目上来。

第四节 洼地效应：
创建独特优势，让水往低处流

"人往高处走，水往低处流"，这是一种非常常见的自然现象。而在金融学中，这种水往低处流的现象也被称之为"洼地效应"。简单来说，就像是水往低处流一样，在交易的过程中，资金也通常是往成本低的地方聚集的。

我们都知道，资本是具有趋利性的，任何企业和资本都更倾向于向着具有竞争优势、更能实现利润最大化的地区聚拢。比如东部沿海的经济发展良好，人才资源充足，交通便利，且聚集了众多高科技企业、工业企业；而西部内地的经济发展缓慢，人才资源缺乏，交通不便利，很少有高科技企业、工业企业在这里投资。

这样一来，与西部内地相比，东部沿海各大城市的竞争优势更大、吸引力更多，资金就会更多地流向东部沿海。而且越是如此，东部沿海的优势就越大，发展就越迅速；西部内地的优势就越小，无法真正吸引资金来投资，无从更好地发展经济。

当然，这竞争优势包括很多方面：政府的政策支持、良好的经济和人文环境、先进的技术、便利的交通、良好的人才资源等等。这一系列优势使得企业投资成本降低，回报率更大，形成了对各类生产要素具有更强的吸引力的价值洼地。

举个例子：目前我国电子商务发展异常繁荣，淘宝、京东、当当等电商平台每年的销售额更是连年攀高，甚至直逼实体超市、商场。2018年双十一，淘宝旗下天猫商城仅仅4秒，交易额就超过1亿人民币，1小时交易额达到672.6亿人民币，而整个双十一淘宝的交易额突破2000亿人民币大关，高达2135亿元人民币。京东的交易额虽然不如淘宝、天猫，但是也不容小觑，交易额突破1000亿元人民币，达到1598亿元人民币。同年六一八的年中大促，京东的交易额也达到1592亿元人民币。

电商平台的高速发展，促使快递行业、物流行业的快速发展，可以说，电商已经成为快递、物流行业的最大客户。正是因为如此，杭州、金华等江浙一些地市成为这些行业的价值洼地，吸引了更多资金流入。

目前以上海、南京、杭州和宁波为中心的长江三角洲快递圈，已经成为全国范围内最大的快递圈之一，这里聚集了绝大多数行业著名的快递公司，包括中通、申通、顺丰等等，以及国外知名的联邦、UPS、DHL等等。同时这些地区也成功地吸引了国外诸多风险投资机构的投资，比如金华就因为"洼地效应"带来的巨大成长空间，吸引了美国IDG、华登等4家风险投资机构的投资，投资金额高达1500万美元。

看到了吧。洼地效应就是这么神奇，它无疑对于某一地区的经济发展起到了极大的促进作用。如果没有这种效应，那么某些地区的优势就不会那么明显，吸引力就不会那么强大。为什么我们国家会设立深圳、重庆等经济特区，就是靠政策优势和地缘优势来营造"洼地效应"，吸引大量的资金、技术、人才，促进该地区的发展。等到这些特区经济发展繁荣，成为真正具有优势的价值洼地之后，会吸引更多的资金、技术、人才，引发周边地产的价值飙升，从而带动周边地区的经济发展。

洼地效应，简单来说，谁的优势大，洼地效应就越明显，吸引力就越强，资金、技术、人才等生产要素聚集就快，发展就越快。只要能创建独特的优势，那么就能吸引"水"往自己这里来。所以，现在很多城市或地区开始营造各种特色，比如旅游、精加工、电商、自主品牌等等，激活投资洼地，促进经济的更快发展。

同时，对于投资者来说，我们也可以利用洼地效应，找到合适的投资项目把钱投到合适的地方，降低成本、做大优势，从而实现利润的最大化。

第五节 博傻理论：
跟风投资是聪明还是傻瓜

1593年，一位维也纳的植物学家把土耳其的一种郁金香带到荷兰，荷兰人从来没有见过这种美丽、香味浓郁的花，便对它产生了痴迷。这位植物学家认为自己可以凭借郁金香大赚一笔，于是他抬高球茎的价格，使得其价格高得让人望而却步。

可在一个深夜，植物学家的全部郁金香球茎都被一个窃贼盗走了，并且以较低的价格卖了出去。就这样，郁金香出现在荷兰人的花园中，成为那里最受人欢迎的植物。

后来，绝大部分郁金香感染了花叶病病毒，虽然这导致大部分郁金香病死，可也促使一些活下来的郁金香成为珍品。这种花瓣出现反衬彩色条纹或"火焰"的郁金香价格越来越高，于是有人便开始囤积、哄抬价格，有的人出高价从囤积者那里购买然后再以更高的价格卖出。

一时间，荷兰，甚至是整个西欧的贵族都争先购买郁金香，人们对郁金香形成了一种病态的倾慕和喜欢。达官贵人总是以自己花园中有最新的或是最珍惜的郁金香品种为荣，1608年，一个法国人竟然用价值3万法郎的珠宝来换取一只郁金香球茎。1635年，一种叫Childer的郁金香品种单株的价格竟然高达1615弗罗林（荷兰货币单位）。要知道在当时，4头公牛的价格只需要480弗罗林，1000磅（约454千克）奶酪只需要120弗罗林。1636年，一株稀有品种的郁金香的价格是4600弗罗林，而一辆崭新的马车、两匹灰马和一套完整的马具也才这个价格。

对面如此诱人的暴利，所有人都被冲昏了头脑，他们开始盲目跟风，投机郁金香，郁金香市场俨然已经成为疯狂投资者赌博的舞台。可疯狂之后必将面临悲惨的结果，1638年，郁金香价格彻底崩溃，球茎价格狂跌，比之前平均下跌90%，最后还卖不到一只洋葱头的价格。那些盲目跟风投资的人顿时一无所有，有些人甚至倾家荡产。

其实，这几百年前的郁金香狂热就是一场可笑的投机狂潮，人们看到郁金香价格高涨且居高不下，便盲目地投资，甚至不惜变卖家产。这些投机者认为自己是聪明的，可以利用这股投资热获得巨大的利润，而之后肯定有更大的笨蛋花更高的价格来买自己的东西。他们认为只要自己不是最后一个笨蛋，那么自己肯定会是赢家，肯定会获得收益。可事实往往是，这最后的笨蛋可能就是他们自己，这是因为整个投机行为背后存在着巨大的危机，当这场狂热持续一段时间后，自然会以价格的崩溃而收场。

这就是金融学中的博傻理论。它是指在资本市场中，人们愿意高价买下某个商品并不是因为它有价值，而是因为他们预期会有笨蛋愿意花更高的价格来买这件商品。而且由于人们的逐利心理和跟风心理在作祟，任何一个投资者都对于"最大的笨蛋"深信不疑。

经济学家凯恩斯就曾经说过，专业投资者不愿意将精力用于估计内在价值，而宁愿分析投资大众将来的作为，分析他们在乐观时如何将自己的希望建成空中楼阁。也就是说，成功的投资者不会盲目地跟风，而是会估计出最容易被大众跟风的项目，然后在大众跟风之前抢先投资，等到大众跟风之后再及时撤出。

博傻行为可以分为两种，一种是理性博傻，一种是感性博傻。理性博傻能够清晰地知道博傻及相关规则，能够清楚地知道当前的形势，并且相信之后还会有更多更傻的投资者进入，因此他们会保持理性，投入少量资金，然后全身而退。可后者就不一样了，他们只是盲目的跟风者，只看到别人获得的利润，看不到投机背后的风险。更为重要的是，他们并不知道已经进入一场博傻游戏，还以为自己遇到了"千载难逢的赚钱机会"。也正是因此，他们可能是最后、最大的笨蛋，输得一无所有。

其实，正如凯恩斯所说，理性博傻能够全身而退并且盈利的前提就是他们掌握了大众的跟风心理，知道有更大的笨蛋来接棒。在股票市场和期货市场，博傻理论应有得最为广泛，很多操纵大盘的买手会在高价位或是低价位时买进股票，等到因为股票上涨，众多人开始跟风买进、行情上涨的时候，他们再迅速撤出，以实现利润的最大化。

当然，当投资大众普遍感觉股票价格已经偏高，纷纷撤离观望时，股票的最高点才算是真的来了。然而，现实生活中很少有人能理智地对待高利润,并且难以判断什么时间是真正的最高点。一不留神,这些投资者就会被感性所驱使,成为最后最大的笨蛋。

工薪阶层的小伟最近迷上了股票,时不时用零用钱买些行情好的股票,不是为了赚钱,而是当作闲余之间的乐趣。当然,由于他总是做短线,而且挑选股票时比较谨慎,所以每次都能赚一包烟钱或是一顿饭钱,多的时候也可以赚千八百。

一日,同事老张听说小伟也在买股票,便给他介绍一个什么"资深股票投资交流群",表示里面都是专业投资者,跟着他们买进卖出可以让他赚更多的钱。开始小伟并不热心,可经不住同事的劝说,他便进入了这个群。

偶然的机会,小伟看到几个"老师"正在谈论某只股票,说是有内部消息——该企业要被某集团收购,股票定会暴涨。群里大部分人听到这个消息,都兴奋地大量买进该公司股票,想要赚一大笔。小伟抱着试试看的态度也买了5000元,果真第二天刚开盘不久该股票价格就持续上涨,并且很快就涨停。之后的几天,该股票行情非常好,大部分人都赚了一大笔。

看到这样的情况,小伟也心动了。可是他刚工作不久,手里没有那么多闲钱,于是便和朋友亲戚借了5万元,全部投入到股市之中。结果可想而知,小伟那5万元钱彻底被套牢了,缩水之后只剩下2万元不到——开始几天,股票还是呈上涨趋势，可突然有一天其价格就开始出现动荡，最后断崖式下跌，之后就是几个连续的跌停，甚至比之前的价格还要低很多。

由此我们看到，在投资的过程中，跟随专业投资的步伐本身不是坏事，毕竟他们的经验比较多，触觉比较敏锐，可若是盲目地跟风，并且对风险和股票缺乏了解和认识，那么就只能踩进"大坑"，成为别人博傻游戏中那个最大的笨蛋。

事实上，股市中很多投机者或是操纵行情的"大户"就是利用大众的跟风心理，先大量买进某股票抬高其行情，等到人们蜂拥而至，把价格抬到更高的时候，他们再大量地卖出，促使行情暴跌。在这一买一卖的过程中，这些投资者和大户成为利益的最终获得者，而盲目跟随的散户就成为牺牲品，最后赔个精光。

所以，在投资的过程中，我们需要谨慎、谨慎、再谨慎，保持理性的投资态度，不跟风，也不被利益所迷惑。当然，不要认为自己就是那个理性的博傻者，毕竟谁也不能完全控制自己。等到你成为那个最大的笨蛋，那么后悔也晚了。

第六节 72法则：那么神奇，又那么实用

很多经济学家都会说一句话："如果你会使用'72法则'，那么你将成为最富有的人。"其实，这里的"72法则"就是运用复利计算的一种法则：如果以1%的复利来计算，那么经过72年后，你的本金将翻一番。

根据这个法则，用72除以投资回报率，就可以得到本钱翻番所需要的时间。比如，你投资了20万元，收益率为10%，那么只需7.2年，你的财产就会变成40万元。而根据72法则，投资的回报率越高，复利带来的效益就越大。

同时，根据"72法则"我们还可以算出投资最终受益的合理时间。比如，某人在银行给孩子买了万能寿险，每年的收益率为3.03%，那么经过23.7年本金就会翻一番。如果他想要在孩子结婚前拿到这笔钱作为孩子的婚嫁金，那么最晚在孩子5岁前购买。这样一来，在孩子30岁之前，就可以得到这笔钱的收益。

金融界的人都听说那个24美元买下曼哈顿岛的故事。1626年，荷属美洲新尼德兰省总督Peter Minuit仅仅花了24美元就从印第安人那里买下了曼哈顿岛。到了现代，曼哈顿岛

的价值可以说是非常惊人的，高达十几万亿美元，甚至是更多。

人们都说Peter Minuit赚了一个大便宜，可以说是白白得到了一个物产丰富、风景优美的小岛。可很多人却并不这样想，他们想出一个假设：若是这笔钱不用来买小岛，而是用来投资呢？

按照美国近70年股市的平均投资收益率11%来计算，到了2018年，这24美元将变成多少呢？根据"72法则"，投资24美元，收益率是11%，那么6.5年收益就会翻一番。从1626年到2018年，这24美元究竟能翻多少番，我们都难以想象。

没错，这是一个异常惊人的数字，而这就是复利和"72法则"的威力。当然，这11%的收益率只是理想状态下的收益，且我们并没有考虑到这几百年来发生的战争、灾难、经济萧条等客观因素。可以说，这笔庞大的数字，远远高于现在曼哈顿岛的价值，甚至买下整个纽约都有可能。

"72法则"不仅仅可以让我们的收益翻番，还可以让我们计算出货币的贬值时间。比如，你拿出10万来投资，每年的收益率是5%，而通货膨胀率为3%，那么72/5=14.4年，你的投资可以翻一番；24年后，你手里的100元就只能买到价值50元的商品或劳务服务。这就需要你做好计算和衡量，平衡收益和货币贬值的关系，在恰当的时候做出恰当的选择。

我们还可以利用"72法则"选择最合适的投资方式。比如，某投资者现在手里有20万现金,希望投资20年后收益100万元。根据计算,20年后本金翻一番所需要的投资收益率,即72/20=3.6,即该投资的年均收益率需要达到3.6%。该投资者的本金是20万元,期望值是100万元,也就是翻了两番之后他就可以拿到80万元。这样一来,他需要选择年均收益率不低于3.6%的投资项目。

时下信托产品非常热销,年平均收益率大约为4.8%,货币基金的年平均收益率一般为2.8%左右,开放式基金年平均收益率为8%,而国债的利率平均收益率为3.37%。所以为了合理投资,该投资人应该选择信托产品、国债等作为投资目标。

除此之外,与"72法则"相关的还有一个"115法则",两者的区别在于:"72法则"是计算本金实现两倍增长所需要的时间,而"115法则"是计算本金实现3倍增长所需要的时间。两者的计算方法类似,比如在投资过程中,年回报率是12%,那么你的本金3倍的时间就是115/15=7.7年。

不管是"72法则"还是"115法则"都是估算的,对于年增长率很大或是很小的复利来说,其误差会变得很大。所以,我们在投资的过程中,不要太过于依赖这两个法则。

总之,"72法则"对于每个人来说,是一种很神奇且实用的工具,只要你能合理地掌握它,就可以为自己赚取更多的财富。同时,需要注意的是,只有保持稳定的常年收益,才能实现丰厚的利润,所以你需要选择长期、稳健的投资。

第7课 理财不用懂太多，重在知"规则"

第七节 心理账户：
消费行为的理性和非理性

你是不是有这样的感觉：对于1万元的工资、1万元的年终奖和1万元的彩票中奖的消费感觉是不一样的。

对于1万元工资，我们会精打细算，盘算着房贷、水电、日常消费，还要盘算着攒钱作为孩子的教育资金，最后剩余的钱才会考虑娱乐、买衣服、买礼物。这是因为这1万元是我们辛辛苦苦赚来的，是维持日常生活开支的主要资金，必须精心盘算。对于1万元奖金，我们可能就不会这么盘算了。因为他是我们获得的额外奖励，虽然也付出了辛苦和时间，但是我们的态度会变得轻松，通常会用它来犒劳自己。比如买个包包、度个假，或是给亲人买个礼物等等。

至于那1万元彩票中奖，我们对它的态度就更不同了。因为它是买彩票获得的"意外之财"，不需要我们付出努力和辛苦，所以我们可能更不"看重"它，可能会在短时间内挥霍掉它。这也就是为什么那些意外中彩票赢得500万的人，很少能用它来投资并获得更大收益，或是能够安稳地用这笔钱过一辈子。这些人通常会不理智地消费，大肆地挥霍，然后短时间内把这笔钱挥霍掉。

事实上，这种现象非常正常，因为每个人都对于消费行为有一个心理账户，花不同的钱会有不同的心理感受。这里所说的心理账户就是人们在心里无意识地把钱财化为不同的账户进行管理，而不同的心理账户就有不同的记账方式和心理运算规则。

还拿之前的例子来说，人们把工资、奖金和彩票中奖化为不同的账户，而因为获得方式不同，所以相同的钱，我们的记账方式不同、花钱的感受也不同。也正是因为如此，彩票中奖最容易被花掉，我们花得也更轻松；而工资则被精打细算，我们花得也更谨慎。

这个现象是著名经济学家萨勒在偶然的机会发现的。有一次他去瑞士讲课，获得了不错的报酬，这让萨勒感到非常高兴，便在讲课之余游览了瑞士，度过了一段美好的时光。过了一段时间，萨勒到英国讲课，也获得了不错的报酬。想到之前在瑞士玩得愉快，他便又来到瑞士旅行，可这一次他却没有上次那么美好的感觉，反而觉得瑞士的东西太贵了，这次旅行并不值得。

为什么同是去瑞士旅行，花同样的钱，可感觉却不同呢？关键在于他把这笔钱划到了不同的账户上。第一次他把在瑞士赚的钱花在瑞士的旅行上，自然感到高兴和舒服；第二次，他花的钱却是从英国那里赚得的——已经划到了不同账户的钱，自然就感到不值和不舒服了。这和我们把工资花在买奢侈品上的感觉是一样的。

所以说，心理账户对于人们的消费观念和消费行为都有很大的影响，不同的心理账户会促使人们做出不同的消费选择。心理账户对于人们的影响也很大，决定一个人是理性消费还是非理性消费。

对于一个人来说，我们必须支付的开支可以分为生活必要的开支、家庭建设和个人发展的开支、情感维系的账户、休闲享乐、吃喝玩乐的账户等等。如果你把每个月工资的绝大部分都划到生活必要的开支、家庭建设和个人发展的开支，那么你就能够做到理性消费，不会因为吃喝玩乐或是买奢侈品而挥霍金钱，甚至是不惜借用信用卡、借呗里的钱来满足自己的欲望。

可若是你的心理账户更倾向于休闲享乐，那么就有可能出现非理性消费的情况。比如你更愿意花2000元去听音乐会，而在生活必要开支上却节省、再节省，宁愿啃面包、吃泡面。

再比如，几百元的巧克力，对于普通人来说是价格不便宜的商品，可愿意不愿意买，要看你把它放在哪个心理账户上。如果你认为它只是零食，并且每个月的必要生活开支只有1000元，那么你就不会买这几百元的巧克力。

可若是你把它划到情感维系账户里，认为是情人节送给女朋友的浪漫礼物，那么这巧克力即便再贵你也愿意买，且买的时候不会心疼。

也正是因为如此，很多商家开始利用或是引导消费者转变自己的"心理账户"，刺激他们购买日常生活中不会买的商品。

情人节、结婚纪念日、母亲节、圣诞节，这些都是人们维系情感的重要节日，商家也会引导人们把"生活账户"的钱转移到"情感账户"；服装、皮包、首饰是提升个人魅力的必要装饰，职场人士，尤其是成功人士更注重个人品位，所以，商家也会引导人们那把"生活账户"的钱转移到"个人提升""品味提升"的账户，从而让人们增加该类商品的消费。

　　同时，在理财的过程中，心理账户也会影响一个人的投资方式。如果一个人事先把钱划到不同的账户，就不会因为盲目投资而改变计划。比如，你把工资划到储蓄账户，用来以备不时之需；把奖金划到投资账户，炒股、买基金实现资金的升值；把外快划到零花账户，用来平时休闲娱乐。那么，在获得某只股票上升的消息后，你会把发放的奖金用来购买这只股票，却很少会动用银行卡中的资金；你看中一个汽车模型，或是某珍贵手办，可能会动用零花钱，却不会卖掉股票或基金，更不会对银行卡产生挪用的念头。

　　总之，因为心理账户的存在，面对同样的钱，我们采取的态度却不是一视同仁的，这决定了我们的消费倾向和投资观念。事先把握好自己的心理账户，便可以更好地理财。

第8课 进行精准投资，为你的资产快速增值

投资理财，是对闲置资金的合理利用，用钱来生钱的"游戏"。听起来简单，但实际操作起来确是一件非常艰难的事情，只有做到科学理性、精准研究，才能为自己的资产升值。记住彼得·林奇的话："不进行研究的投资，就像是打扑克不看牌一样，必定失败。"

第8课 进行精准投资，为你的资产快速增值

第一节 科学储蓄，理财投资的底气

存钱，以备不时之需。这是我国普通老百姓最传统、最寻常的观念，这是因为我们从小就受到"积谷防饥"理念的影响。正因为如此，中国居民储蓄率是处于全球第一位的，我国不仅是世界上储蓄金额最高的国家，也是人均储蓄金额最高的国家。

虽然现在人们的消费和理财观念有所转变，不再只知道存钱不知道花钱，也不再只会把钱存进银行，而是寻求多种多样的投资方式，然而储蓄仍是绝大部分人一个重要的理财方式。储蓄已经成为人们的一种习惯，每个月把预定的钱存进银行，积少成多，对于一个月薪族来说是非常重要的。

可储蓄真的这么简单吗？只要把钱存进银行，然后坐等着拿利息，实现财富的增值就可以了？并非如此。千万不要以为储蓄就是简单地存钱，然后你的财富就会积少成多。你若是不能科学地储蓄，打理自己的存款，那么财富不仅不会增值，反而还会贬值。

前面我们已经说过，现在已经进入利率超低，甚至是负利率时代，一旦银行利率跑不过通货膨胀率，你存在银行的钱就会缩水。同时，银行还会对存款收取一定的年费、小额存款管理费。如果你只顾着埋头存钱而不好好规划和打理，可能不仅不能获得

利息,还会倒贴给银行钱。

李老太太一辈子都省吃俭用,为儿女的事情操碎了心。等到儿女都成家立业之后,李老太太就退休了。之后儿女每个月都会给她几百元零花钱,而她把退休金存进银行,准备攒起来安享晚年。可令李老太太没想到的是,有一天她发现自己存入银行的钱竟然少了好几百元。她以为是银行业务员算错了,事后才知道银行存款利率下降了,活期存款利率只有0.35%,再加上每年的年费、小额存款管理费,这笔钱不仅没有升值,反而还少了很多。

所以,虽然储蓄是一种积少成多的"游戏",可合理储蓄却是非常重要的。在储蓄的过程中,只要做好了规划,找到适合自己且收益最大的储蓄方式,才能多拿一些利息,让财富升值。

当然,想要获得较高的收益就必须选对储蓄方式,是定期还是活期,是一年定期还是三年定期?下面我们介绍几种收益大的储蓄法,希望能对你有所帮助。

第一种是金字塔储蓄法。举个例子,你准备把4万元存入银行,期限为3年定期,存款利率为2.75%。如此一来,到期后你的收益为$4 \times 2.75\% \times 3=0.33$(万元),也就是3300元人民币。可若是这期间你急需用钱,那么取出定期存款之后,利息就会受到损失。

你可以把这4万元钱分为3张定期存单,一张六个月定期(1万元），一张一年定期（1万元），一张三年定期（2万元），存款利率分别为1.55%、1.75%、2.75%，到期后你的收益为1×1.55%×0.5+1×1.75%×1+2×2.75%×3=0.19025，即1902.5元人民币。这看似收益减少了，可若是你急需用钱，只要取出六个月定期存款就可以了，损失的只是极少的利息。

第二种是"驴打滚"的储蓄法。简单来说就是存本取息与零存整取相结合，实现"利滚利"的效果。比如你把4万元钱以存本取息的方式存入银行，期限为3年定期，存款利率为2.75%，然后把每月利息以零存整取的方式再存起来，这样一来你就可以获得二次利息。也就是存一份钱可以获得两份利息。

虽然这种方式比较麻烦，需要投资者经常跑银行，但是却能获得比较高的存款利息，而且现在很多银行都开办了"自动转息"业务，这也为投资者提供了很大便利。

第三是巧用通知存款的方法。什么是通知存款？就是没有固定期限，但存款人必须预先通知银行方能提取的存款，通知期限为1天、7天两种。一天通知存款利率0.8%，7天通知存款利率1.35%，利息是按天算的。这种存款方式比较灵活，适用于手中有大笔资金，且准备3个月以内使用的投资者。

举个例子，你拿到一笔50万贷款，准备用它来支付房子首付款。放在家里，不安全又不能获得收益；存入银行，活期存款的话利率只有0.3%，收益也太少。这个时候，你就可以选择7天通知存款，等到需要支付房款首付款时再取出。如此一来，你这三个月就可以获得利息50万×90天×1.35%/360天=1687.5元人民币。

需要注意的是，只要你向银行发出支取通知，就应该及时取出这笔存款。若是存款未满七天就取款，那么利息只能按照活期利率来计算。同时，银行规定了存款金额，5万起存。

储蓄还需要合理计划，不能太过于随意，想存多少就存多少。通常，工薪阶层最好把每个月收入的10%存到银行，这样既不会影响日常生活消费，又可以达到投资储蓄的目标，长期坚持下来，也会获得意想不到的收获。

总之，储蓄是最稳健、最方便的投资方式，而合理地、科学地规划自己的存款则可以让我们的财富慢慢升值。

第二节 玩好债券，获得更多收益

目前投资方式众多，可绝大部分投资者却独独青睐债券，认为它是最理想的投资对象。尤其是对于那些谨慎、稳健的投资者来说，债券简直就是最好的选择。

当然，这是由债券的特点决定的。与储蓄相比，债券的收益大，而与股票投资相比，它又具有风险小、信用好、收益稳定的优势。就连比尔·盖茨都会做这样的选择。

比尔·盖茨说："你应该有个均衡的投资组合，投资者，哪怕是再大的超级富豪，都不应当把全部资本都押在涨得已经很高的科技股上。"他认为把宝押在一个地方可能会带来巨大的收益，也可能到带来巨大的亏损。在投资股票的时候，它会同时投资债券市场，以便分散自己的投资风险。

也就是说，在买股票的时候，比尔·盖茨同时还会买进债券，尤其是国债。当股票下跌的时候，资金会流入债券市场，从而促进债券价格的上涨。这样一来，债券的收益就弥补了股票的亏损。结果证明比尔·盖茨的选择是正确的，通过股票和债券的组合投资，实现了财富稳步快速的增长。

这也告诉我们，相对于其他投资方式，债券是一种较为安全、保守的投资方式，也应该是普通大众家庭理财的首选。尤其是现在股市形势不太好、投资风险日益加大、银行存款利率持续走低的情况下，选择信誉度高的债券才能避免自己的资产缩水，实现财富的增值。

既然如此，我们就应该先系统地了解债券及其特点、分类以及如何利用债券获得更多的收益。

债券就是一种虚拟的、具有法律效力的金融契约，通常由政府、金融机构、企业等债务人直接向社会发行。发行人和投资者是债务人和债权人的关系，债务人承诺按期向债权人交付利息和偿还本金。按照发行人不同，债券主要分为国债、地方政府债券、金融债券、企业债券。

举个例子，你购买了1万元短期国债，这个时候，你与国家达成一种金融契约关系，你就是债权人，国家就是债务人。等期限到了之后，国家就要归还你这1万元本金，并且支付相应的利息。也就是说，你把这1万元钱借给了国家，到期后国家还给你，并且支付给你利息。

债券具有以下几个特点：安全性高、流动性好、信用能力强。而不同的债务人发行的债券，其安全性和收益率也有所不同。国债是信誉最好、利率最好、风险最小的债券，被人们称之为"金边债券"。有了国家信誉做保证，国债的收益非常稳定，即便是发生通货膨胀，国家也会采用积极的保值办法。

地方政府债券由于有政府做保障，所以信誉也非常好，风险性比较小。之前我国曾经禁止发行地方政府债券，后因为金融危机的影响，于2009年再次恢复地方政府债券的发行。

金融债券是由银行和非银行金融机构发行的债券，我国的金融债券主要由国家开发银行、进出口银行等政策性银行发行。由于这些银行有国家做保障，具有雄厚的资金实力，所以金融债券的信用度较高，风险性比较小。

最后是企业债券。在我国，有企业债券和公司债券之分，前者的发行人是中央政府部门所属机构、国有独资企业或国有控股企业，很大程度体现了政府信用，而后者的发行人是上市公司。与前者相比，公司债券受公司的资产质量、经营状况、盈利水平和持续赢利能力的影响较大，所以风险性更高，当通常收益也比较大。

当然，人们在投资理财时，目的是获得更多的收益，债券也不例外，所以最关心的问题是投资哪一种债券能让自己赚更多钱。

从收益率上来看，短期收益率受到利率、资金供求关系的影响，而长期收益率受到未来经济状况、通货膨胀等因素影响。所以如果想要获得短期高收益，可以选择企业票面利率高的债券。票面利率越高，债券利息收入就越高，最后收益也就越高。而债券的票面利率因为发行者信用不同、剩余期限不同而有所差异。所以投资时，一定要选择资产质量、经营状况良好的企业，并且关注其持续盈利能力。很多企业的经营状况不错，可持续盈利能力并不强，这就可能导致票面利率下降，从而影响投资收益。

若是想要稳健投资，寻求长期收益率，那么就应该选择国债。我国国债种类有很多，包括记账式、凭证式、无记名式。从期限长短可以分为长期（10年、7年），中期（5年、3年、1年）和短期（半年、3个月）。如果你想要长期投资，那么可以选择不上市的凭证式国债；如果选择短期投资，可以选择上市的国债。国债期限越长，利率就越高，收益也就越大。不过长期国债的流动性比较弱，存在着财产的隐性损失。你可以进行组合投资，长期和短期相结合，或是选择与企业债券、金融债券相结合，实现收益的最大化。

比如你手中有一笔10万元的闲置资金，想要进行债券投资。假设三年期的中长期国债，利率是10%，某企业债券，利率是12%。你可以把钱分为两笔，一笔购买国债，一笔购买企业债券，这样一来，既保证了收益，又避免了利率下降带来的损失。可若是你只看重高收益，把全部资金都用来买企业债券，若是短期债券利率降低，那么之后就很难找到更好的投资机会了。

还需要注意的是，债券投资专业程度高，投资方法复杂，投资者不能盲目投资，而是应该做好计划和准备。

第三节 基金怎么投，财务才自有

个人投资，由于经验和专业知识有限，很可能会陷入投资的陷阱之中，造成资产的巨大损失。于是很多人会问："能不能让专业的人员或是机构来帮助我们投资呢？如此一来，我们的投资风险不就降低了吗？"

事实上，这个问题完全可以解决。基金投资就是让投资理财专家为我们管理财富，用小钱投资大公司的生财工具。基金管理公司通过发行基金，把众多中小投资者的资金集中在一起，由专业的基金托管人集中投资股票、债券、外汇等，然后再把所获得的投资收益分给中小投资者。

即便你的资金数额不大，也可以获得足够大的收益。这是因为经过基金管理公司的统一管理、统一投资，那么其规模就会被放大百倍、千倍，甚至上万倍，实现投资收益的最大化。与之对应的是，收益大了，风险却小了。在基金管理公司进行投资的过程中，风险是相对固定的，可由于投资者众多，所以风险也就被所有投资者分担了。

简单来说,基金公司就如同一根杠杆,我们用很小的资金撬动了一大笔资金,然后获得比个人投资股票、债券更多的收益。正因为如此,基金受到了绝大部分中小投资者的欢迎,成为当下众多理财产品中的新宠。

虽然我们的财富可以交给基金管理公司,但是并不意味着我们可以随意把钱放进去不费一点心思。目前,市场上的基金类型多种多样,也有很多基金管理公司,其综合能力、盈利能力、公司的信誉都有所不同,我们必须了解相关专业知识,才能找对专家为自己赚钱。

通常基金可分为开放式基金、封闭式基金、股票基金、货币基金、债券基金、私募基金、公募基金。目前,投资者能够买到的基金大多是开放式基金,是可赎回的基金。

开放式基金的发行总额是根据市场需求来确定的,随着购买人数的增加而增发,且没有规定的限额。只要基金公司仍在持续经营,那么这只基金就会永久地发展下去。

再来说股票基金和债券基金,如果某基金60%以上的资产都投资于股票交易,那么它就是股票基金;若是80%以上的资产都投资于债券交易,那么它就是债券基金。这两者都是收益型基金,其收益高低和风险高低与股票和债券的收益和风险相匹配。股票基金的收益高,风险也高,收益率取决于股票价格的波动。债券基金中,国债信用最高,投资风险最小,相对于企业债券基金,收益也比较小。

所以在投资基金的过程中,我们不仅要考虑其收益,更要考虑其风险性。虽然有基金管理公司为我们作分析和决策,但是股票的风险是不可预测的。做到均衡投资,购买股票型基金的同时搭配适量的债券型基金,便可以做到避免风险,保障收益。

我们如何选择一只赚钱能力强的基金呢?一只基金是否具有很强的赚钱能力,要看它的业绩是否能持续增长。一般来说,我们要看其历史业绩,若是10年内该基金业绩都持续增长,那么就是优质基金。

看一只基金是否优质,是否具有真正具有较高的内在价值,不是看基金的价格是否高、升值空间是否大、规模是否大,而是看它是否有较高的净值。这就与我们之前所说的基金管理公司的综合能力有直接关系了。基金管理人的管理能力、团队的专业素质、基金公司的过往业绩和未来的增值潜力都是其综合能力的体现,也是赚钱能力的体现。

我们还要关注一只基金的信息是否充分披露,是否能让投资者及时掌握基金的变动,以便调整投资方案。如果基金公司不能充分地披露基金信息,投资者就难以掌握准确信息,一旦出现问题,就会遭受巨大的损失。这些基金信息包括基金的投资策略、投资管理和费用以及投资经理人的投资定位、业绩表现。

同时,我们还需要根据个人和家庭情况来选择基金。个人情况不同、需求不同,基金的投资目标也有所不同。

李先生今年35岁,是一家销售公司的销售经理,有一个3岁的宝宝,家庭年收入在20万元人民币左右。除此之外,李先生有一套贷款买的房子，每月还款3500元，20年按揭。这个时候，李先生根据基金经理的建议，采取了稳健的投资方式，购买了4项基金，即养老基金、子女教育基金、保险基金、货币基金。

如此一来，李先生不仅保障了个人和家人的养老、教育和保险，还可以利用货币基金赚取收益，可以说是一举两得。

再比如，年轻人可以选择收益比较大的股票基金或是债券基金，比如指数基金。指数基金是以特定指数（如沪深300指数、标普500指数、纳斯达克100指数）的成分股为投资对象，并且通过购买该指数的成分股为投资组合的基金。它的特点是投资成本低、风险小、业绩透明度比较高、受人为影响比较小。正因为如此，指数基金更适合年轻人和小投资者，被投资界称为"永远打不败的基金"。

当一位年轻的投资者问股神巴菲特："如果你只有30岁，没有什么钱，也没有专业的投资技巧，那么你会购买什么金融产品？"巴菲特告诉他："我会将所有积蓄都购买一只低成本的标普500指数的指数基金，然后再继续努力地工作。"

总之，基金投资是以小博大的游戏，但是关键还在于选择适合自己的优质基金，如此一来，才能让专业人员为自己赚钱。

第四节 股票风险大,掌握规律就不怕

什么投资最赚钱?

当然是股票。股票具有非常大的魔力,可以给人带来巨大的收益,让一个人在一夜间成为百万富翁。2014年聚美优品成为继阿里巴巴、京东之后又一个登上纽交所的电商,开盘价为27.25美元,比发行价的22美元上涨23.9%。随后,聚美优品股票持续上涨,最高时达到39.45美元,而整个聚美优品的总市值高达57.8亿美元。

一时间,CEO陈欧这个原本默默无闻的80后成为最有价值、最年轻的富豪,身价、名声也是迅速攀升。而其他投资股票的人也是赚得盆满钵满。一位投资人持8.8%股权,一夕之间获得了高达几百倍的收益,高达几亿美元。这就是股票的巨大收益给人们带来的财富梦。

可巨大收益的背后,隐藏的是巨大的风险,与之相反的是,股市的暴跌使得无数人财富大幅度缩水,甚至可以让一个人在一夜间变得一无所有。

2018年年初,美国股市发生巨大动荡,美股一周内两次暴跌千点,道指和标普500指数双双跌至最低点,科技股更是遭遇了巨大打击。Facebook、苹果、亚马逊、微软、谷歌五大科技股的市值累计蒸发4370亿美元,其中苹果和谷歌的资产缩水最为严重。

全球富豪的身价暴跌,其中亚马逊的缔造者杰夫·贝索斯身价缩水最为严重。2017年7月26日贝索斯成为世界首富,当时亚马逊市值高达5000亿美元。而截至2018年2月8日收盘,科技股股价大跌4.7%,贝索斯财富缩水了53亿美元。

那么是不是说,由于其巨大风险性,股票就不适合普通投资者呢?股票到底是什么呢?我们具体应该怎么操作呢?

股票是股份公司为筹集资金而发行给股东的作为持股凭证并借以取得股息和红利的一种有价证券。股票是股份公司资本的组成部分,可以转让、买卖或是作为抵押,但是不能退还给公司。投资者是通过企业的分红来获得收益的,可以参加股东大会,也可以对企业经营发表意见。

一般来说,股票按照上市地区可以分为A股、B股、H股、N股和S股。A股是我国境内的公司发行的,可以用人民币进行购买和交易;B股也是以人民币标明面值,除了用人民币购买和交易,还可以以外币认购和买卖;H股是内地国有企业在香港上市的股票;N股是内地注册的企业在纽约上市的股票;S股是内地注册的企业在新加坡上市的股票。

我国主要的股票交易所是上海证券交易所和深圳证券交易所。前者按照美元单位计价;后者按照港元单位计价。

其实，投资股票非常简单，只要开设股票账户，把钱存入账户之中，然后对买中的股票进行买进卖出就可以了。可想要真正赚到钱，就不是那么简单的问题了。你需要选好股票，把握好时机，在准确的时间买进或卖出。

选好一只股票，可以让你短时间内赚取很多收益，可若是选不好，那么就可能被套牢，甚至是血本无归。我们买股票不仅要看其价格和涨势，还要看上市公司的发展前景，看看它是否有资源优势、核心竞争力、品牌优势、垄断优势以及政策优势。只要满足以上一个或是几个条件，那么这只股票的前景就是喜人的。

比如目前电子商务发展异常繁荣，国家对于科技发展也大力支持，阿里巴巴、京东等股票行情不错，再加上阿里巴巴旗下淘宝、支付宝、蚂蚁金服、阿里云等子公司发展迅速，受到国内政府和国外资本的青睐，所以发展前景、财务状况都非常良好，自然是投资者的不错选择。再比如云南白药具有品牌优势和政策优势，所以股票价格相对稳定，适合投资者长期持有。

除此之外，企业资产重组、推出新产品都会影响股票的上涨。企业资产重组，那么就会增强企业的竞争力和综合实力，使得业绩大幅度提升；而企业持续有新产品推出，则说明企业掌握新的技术，竞争力强，这都使其股票具有很大的升值空间，且价格相对稳定。

之后就是选好买进和卖出的时机了。我们都知道，低买高卖是股票获利的关键，可如何在关键时刻买进和卖出，需要一定的技巧和经验。作为新手投资者，通常应该选择股价上升、成交量稳步放大的时候买进，因为这个时候，大量股民会选择买入，促使股票价格持续抬高，等股价突破一段飙涨期后立即卖出，就能获得更多的收益。

但记住千万不要妄想股票升到最高，在卖出的时候犹豫不决只能遭受损失。因为股票持续上涨之后，必然会迎来持续的下跌。

投资者也可以选择股票持续下跌，且成交量稳步萎缩时抄底，这个时候，股民纷纷卖出股票，股价会下降到最低。之后在短时间内它就会发生反弹，出现持续上升的趋势，投资者选择合适的时机再卖出，便可以获得足够大的差价。

投资者还必须记住一句话：最成功的投资者并不是短期的投机者，总是频繁地买入卖出，却不肯耐心地持有潜力股，那么别想获得更多收益；每天都想着一夜暴富，股票上涨时就疯狂买进，股票下跌时就战战兢兢地卖出，只能输得倾家荡产。

股神巴菲特当初以100美元起家，靠的是独特的投资才华，也靠的是稳健的投资心态。他对于可口可乐可以说是情有独钟，1980年巴菲特以每股10.96美元的价格购买了可口可乐7%的股份，并且长期持有。

尽管在这个过程中，可口可乐的股票由于科技股的冲击、金融危机的影响，出现了几次巨大的波动，但是巴菲特并没有动摇，依旧对它有足够的信心。尽管可口可乐的股票也曾持续上涨，达到了历史最好点，能让巴菲特大赚一笔，可是他依旧没有选择卖掉。

而正因为如此,可口可乐也给他带来了巨大的收益,30年后,到了2017年,巴菲特持有的可口可乐股票上涨了几十倍,收益150多亿美元。

所以,想要在股市获得更多收益,那么就记住彼得·林奇的话:"股票投资决定最终结果的不是头脑而是耐心。"除此之外,想要降低风险,还是要进行分散投资,不要把所有鸡蛋都放在一个篮子里。

第五节　怎样买保险,利益才保险

胡适先生在百年前说:"保险的意义,只是今日做明日的准备,生时做死时的准备,父母做儿女的准备,儿女幼小时做儿女长大时的准备,如此而已。今天预备明天,这是真稳健;生时预备死时,这是真豁达;父母预备儿女,这是真慈爱。做到这三步的人,才算是真正的现代人。"

没错,保险对于个人和家庭理财是非常重要的,忽略了保险投资这一部分,那么炒股、基金、投资房产的投资就缺少了可靠的保障。试想即便你赚取了一大笔财富,如果没有合理的保险作为后盾,一旦自身患上了重大疾病或是意外事故,那这笔财富有

第8课 进行精准投资，为你的资产快速增值

什么价值呢？

储蓄、炒股、买基金等投资可以为我们的人生建造一座高高的财富金字塔，可若是没有人身和财产的安全，那么这高大的财富金字塔很可能会瞬间轰然倒塌。所以，不要认为意外发生的概率小，就没有必要买保险；也不要认为保险的收益低，就把全部资金都投入到股票、基金上。认识到保险的重要性，你的财富和人生才有保障，利益才能保险。

目前保险市场险种更加多元化，集保险和投资于一体，收益率有显著提高。作为普通的投资者，能够未雨绸缪，为自己和家人买上适合自己的保险，既能获得相应的收益，又能在意外发生时获得一份十几万或几十万的保单，何乐而不为呢？

赵先生今年35岁，有一家规模不小的制衣厂，依托着电子商务的发展，生意非常火爆。赵先生靠着聪明的头脑和勤劳的经营，积攒了不少财富，可以说是一位成功人士了。按理说，他不需要买什么保险了吧，因为即便发生意外事故或是重大疾病，他也可以轻松应付。

可事实正好相反，赵先生早早就给自己、妻子买了寿险和重大疾病险，为孩子买了教育险，还为自己的家庭财产和企业财产买了财产险。他时常说："商场如战场，局势如风云般变幻，谁也不能保证我的生意一直如此红火。有了保险的保障，即便将来有什么不测，我的家庭不至于太落魄。"

那么我们应该怎么买保险呢？

目前保险市场上产品纷繁复杂，每个人群都有适合自己的保险种类，只要我们能掌握其主要内容，那么选择适合自己的产品就非常简单了。一般来说，按照保障内容的不同，保险可以分为意外保险、健康保险、寿险、养老保险、子女教育保险；按照保障性质的不同，可以分为保障型保险（如人身保险、死亡保险、财产保险、养老金保险等）、理财型保险（如万能险、分红险、投连险等）、投资型保险（分红险、万能寿险、投连险）；按照保障时间不同，可以分为短期型、长期型和终身型。

比如，工薪阶层为了给自己的未来提供一种保障，应该购买养老保险、意外保险和重大疾病保险。有了养老保险，投资者就可以为自己的老年生活做好保障，做到老有所养、老有所依。有了意外保险，当意外事故发生时，投资者就可以为个人或家人提供一个经济保障。而有了重大疾病险，一旦需要十几万或是几十万的医药费，投资者就不会出现没钱治病，或是倾家荡产的情况。

再比如，现在很多家庭都会给孩子买教育储蓄险，这是一种集保险和投资的长期理财险，和储蓄投资的形式比较相似。也就是说，父母每个月或是每年给孩子存一定额度的保险金，缴纳15年或是20年，等期限到后，就可以每年拿到一定份额的分红。等到孩子上大学、结婚或是创业时，可以一次性领取一定数额的教育金、婚嫁金或是创业金。当然，投资者也可以选择一次性取出本金和利息。

除此之外就是现在比较流行的分红险了。分红险既是一种人身的保障，也是一种稳健安全的投资理财方式。投资者每年按规定缴纳一定的保费，到期后按照一定的比例，以现金红利或增值红利的方式来享受保险公司的盈余。它包括分红寿险、分红养老险、分红两全险。

与养老保险相比，分红养老险可以让投资者获得更多的收益，而与储蓄相比，它的收益率要比银行定期存款利率高一些。而且它的安全性非常高，如果你想要长期储蓄的话，这是不错的选择。

分红险中还有一种含有人寿保障成分的品种，即万能险。它是一种近十几年才发展起来的新型保险，由于功能齐全、缴费和提取方式灵活而受到年轻人的欢迎。它比较适合那些现金流波动比较大的商人，当资金闲置时，投资者可以多缴纳一些保费。一旦需要资金周转，投资者可以随时提取现金，或是用保单作为资产质押进行贷款，且其贷款利率比较低，可以为商人降低成本。

所以，如果你还没有买保险，或是还在犹豫不决，那么就赶紧行动吧！选择适合自己的保险，你和家人的健康、财产以及未来都得到了充分的保障，生活也将迎来巨大改变。

第六节　用外汇赚钱，一点不难

股票投资风险大、收益高，不过还有一种投资方式比股票更甚，它就是外汇交易。外汇交易就是用钱赚钱，在货币中赚取财富。目前外汇市场可以说是世界上最大的金融交易市场，其规模远远要比股票、期货等市场大很多。

外汇市场24小时无休，资金流动性极高，汇率受到利率、一国货币政策、一国经济增长速度等因素影响，几乎不可能出现黑幕市场操纵行为。更为重要的是，股市若是出现熊市，投资者可能会大幅度亏损，抑或是变得一无所有。可在外汇市场，不管是牛市还是熊市投资者都能得到获利的机会。

外汇交易非常简单，只要投资者持有有效身份证件，到各大商业银行开办外汇交易业务就可以了。但是不同银行的开户起点金额有所不同，中行、交行没有金额的限制，而工行、建行则金额最少50美元。如果投资者通过电话开户的话，开户起点金额要比银行柜台高一些，工行为100美元，交行则是300美元。

一般来说，外汇投资有两种方式，一种是外币存款，一种是外汇买卖。外币存款的形式和人民币储蓄相同，投资者通过获得利息来获得收益。外币存款分为活期与定期两种，定期存款的利率比较高，存期分为1个月、3个月、半年、1年和2年，存期越长，利率越高。可汇率变化非常频繁，存期太长的话可能会增加投资的风险，所以存期为3个月、半年的投资更安全、收益稳定。

外汇买卖就是通过买进和卖出并且赚取差价来获利。与股票投资一样，投资者需要根据汇率走势来买卖，把握好买卖时机，低买高卖以获得更多的收益。我们在外汇买卖之前，还必须了解外汇市场是如何标价的。

通常，一个国家与另一个国家货币的汇率是成对出现的，基本货币在前，目标货币在后，中间以"/"分隔。例如，EUR/USD，欧元是基本货币，美元是目标货币，即表示一个单元的欧元可以兑换多少美元。

汇率的报价可以分为买入价和卖出价，买入价是指交易银行从你那里买一个基本货币单位付给你的价格；而卖出价是交易银行卖给你一个基本货币单位的价格。

举个例子：你进行外汇投资，当时欧元/美元的买入价是1.2140，卖出价为1.2142。如果你想购买欧元/美元，就应该以1.2142的价格买入，一周后，欧元汇率上涨到1.2537，你准备卖出手中持有的欧元，那么就以1.2537价格卖给银行。经过交易之后，你的每单位收益就是1.2537–1.2142=0.0395。如果你投资10单位的欧元，那么收益就是39500元。

外汇买卖虽然看起来简单，可必须要掌握一定技巧，知道什么时间是最佳交易时间，知道如何判断其价格走势，才能实现盈利的目的。

首先是寻找最佳交易时间。

虽然外汇市场一天24小时不间断交易，但是汇率变动频率有所不同，也就是说不同时段汇率活跃性不同。目前，国内可以投资外汇的市场主要有纽约市场和东京市场。纽约市场是全球最大的外汇交易市场，活跃交易时间是北京时间20：00–次日4：00。而东京市场是亚洲最大的外汇交易市场，活跃交易时间是北京时间8：00–11：00和12：30–16：00。这两个时间的重叠区，就是投资者的最佳交易时间,即北京时间的15:00-16:00。投资者只有在最佳交易时间、汇率活跃性最强的时段进行交易,才能把握时机、提高收益。

同时,与投资基金一样,外汇交易也需要选择一家优质的交易平台,以确保投资的安全和高收益。目前市场上提供的平台繁多复杂,我国各大国有银行都可以进行外汇投资,国际上很多品牌交易平台纷纷入驻,还有很多保证金公司为投资者提供外汇保证金交易的平台。可是这些平台的信誉度、杠杆比率都有所不同,投资者千万不要为了追求高收益,只盯着杠杆倍数高的平台,否则就会面临巨大的风险。

2008年雷曼兄弟破产,最重要的原因就是运用了过高的杠杆,到2007年8月底雷曼兄弟的杠杆比率竟高达30倍。雷曼兄弟控股公司成立于1850年,主要业务分资本市场业务、投资银行业务和投资管理业务三大块,到了2008年5月,拥有资产达6390亿美元,持有1105亿美元高级无担保票据、1260亿美元次级无担保票据和50亿美元初级票据。可就是因为次贷危机的影响,使其陷入财务危机,短短时间轰然倒塌。

雷曼兄弟的破产也给投资者带来了巨大损失,该公司股价在一年内大幅下跌近95%,股东每1美元只能拿到18美分的偿付。而对于雷曼兄弟衍生品业务,投资者每1美元只能拿到28-32美分的赔付。

因此，在选择外汇交易平台时，投资者要考虑交易平台是否信誉度良好，最好是选择5颗星、4颗半星的保证金公司；杠杆比例是否适合，要兼顾盈利和安全性原则；保证金公司是否综合能力强、管理水平高、监管制度健全以及能抵御国际市场重大波动。

除此之外，越是风险高、收益大的投资产品，我们就越应该保持稳健、长期的投资理念，避免盲目、冲动，避免赌博心态。当机遇出现时要果断出击，不犹犹豫豫，但心态要放平、头脑要理智，如此才能用钱生出更多的钱。

正如比尔·利普舒茨所说："成功的外汇交易，关键在于持续累积有利的概率和胜算。你越能够稳定地累积这类的概率，就越可能获得长期的成功。"

第七节　期货交易，如何不掉进坑里

期货交易，就是用今天的钱来买明天的商品。它是与现货相对的，投资者购买的是未来某个期限进行交收或交割的一定数量的标的物。也就是说，期货交易的对象不是实物，而是和这些商品有关的合约，这份合约规定了买卖双方的权利和义务以及未来交易的时间、地点、交割实物商品或金融商品数量和质量。

对于投资者来说，既可以购买某种商品的期货，比如黄金、原油、农产品，也可以购买金融工具的期货，比如股票、债券等，还可以购买金融指标的期货，比如沪深300股指期货合约。

期货合约是有到期日的，合约到期之后需要履行交割义务。商品期货到期后，交割的是商品，即实物交割。而金融工具和金融指标的期货，到期后需要现金交割。比如股指期货到期后，投资者按照合约规定的交割结算价计算出盈余，然后进行资金的划转。

我国目前最有影响力的期货交易所有3个，包括郑州商品交易所（交易品种有小麦、优质强筋小麦、棉花、白糖、菜籽油等）、大连商品交易所（交易品种有大豆、豆粕、塑料、棕榈油、玉米等）、上海期货交易所（交易品种有铜、铝和天然胶、锌、燃油、黄金等）。国际上具有影响力的交易所则包括芝加哥期货交易所、纽约商业交易所、欧洲期货交易所、伦敦金属交易所等。目前国内市场交易比较活跃的期货有大豆、棉花、铜、锌、螺纹钢、天然橡胶等。

在买卖期货的过程中，投资者为了结算和保证履约，需要在开仓和持仓时根据交易额和保证金比率缴纳一定标准比例的保证金。开仓时需要的保证金数额等于交易金额×保证金比率。目前我国最低保证金比率为交易金额的5%，而国际上一般在3%-8%之间。

比如，你在大连商品交易所进行交易，那么必须缴纳交易金额的5%保证金才能开仓。你购买了5手（每手10吨）

大豆期货，价格是每吨3000元，那么你就必须向交易所支付3000×5×10×5%=7500元的初始保证金。

在持仓的过程中，大豆期货的价格会随着市场行情变化而浮动，而你的保证金也会随之发生增减。当保证金账面余额低于维持保证金时，你就必须在规定时间内追加保证金。所谓维持保证金，就是保证金账户中必须维持的最低余额，而我国的维持保证金比率为0.75。

也就是说，你持仓的大豆期货发生了价格下跌，亏损了5000元，保证金账户只剩下2500元。这一金额小于维持保证金，3000×5×10×5%×0.75=5625元。那么你就必须追加5625-2500=3125元的保证金。

当然，若是大豆期货价格持续上涨，那么你的保证金账户金额就会持续上升，等到结算的时候，这一部分差额就是你的收益。

由于期货买卖的是一种合约，没有实物，靠的是预测和判断某品种价格走势来盈利，所以投资的风险非常大。一旦你对某品种价格走势判断失误，那么就会遭遇过大的风险。尤其是股指期货等金融工具的期货，风险更是极其大。

左先生是一个老股民，自认为有丰富的炒股经验，能够准确地把握股票走势。这些年靠着谨慎投资的理念，他确实也赚了不少钱。后来，他接触到期货，觉得期货的收益更大，便购买了几手标准普尔500股票指数期货。

随后,股票价格开始持续上扬,没几天他就获得了一大笔收益。胜利的喜悦和巨大的收益让左先生有点忘乎所以,忘却了自己一贯的稳健投资策略。他预测股票会继续上涨,于是又大笔买进其他股指期货。可这次他的判断错了,美国道·琼斯指数、标准普尔500股票指数几次动荡,左先生的期货被套牢了,损失惨重。

所以说,期货交易最重要的就是防御风险,不要存在投机心理。任何时候都不要太贪心,在盈利的时候及时止盈,在亏损时及时止损,才能更好地预防风险。在选择期货的时候,不要为了高收益选择价格浮动比较大的商品,而是应该尽量选择价格浮动小的商品。

尤其是对于新手来说,建仓时切忌持有量过多,投入过多的资金。持有量多,保证金就越多,一旦出现亏损,损失也就越大。只有控制持有量和资金数量,从小额规模的交易起步,才能有效地规避风险。

同时,提高保证金成数也可以有效地规避投资风险,也就是说,投资者缴纳的保证金金额占整个投资总金额的比率越高,投资的金额就越少,从而损失也就越少。不过,风险低了,收益也就少了。

第八节　要想风险小，不如来把黄金炒

之前我们说过，黄金是最有价值的货币，是国际金融市场上的硬通货。同时，它还是最贵重、最稀有的金属，是财富的象征，是抑制通货膨胀的有效工具。正因为如此，黄金投资千百年来一直都是广大投资者的第一选择。

目前在黄金交易市场上，投资者可以进行金条、金币、金丝、金叶以及黄金期货、黄金股票等产品的交易，其中最重要的是金条。同时，黄金饰品也具有保值作用，成色越高的饰品，保值作用越大，其中最具有保值功能的是24K黄金首饰。

与其他投资相比，黄金投资的优点就是低风险、流通性好、保值性好。具体来说：

首先，黄金是保值增值的最佳投资工具，可以更好地抵御通货膨胀。通货膨胀发生之后，物价大幅上涨，货币严重贬值，此时不论是储蓄还是炒股都会面临巨大的风险。可黄金的价值是相对稳定的，具有全世界都认可的流通能力，能够确保财产的保值。事实上，20世纪几次较大的金融危机，都会通过加大黄金储备的方式来抵御通货膨胀。

但是这并不意味着黄金就永远不会贬值，黄金本身也是一种商品，价格受美元价值的影响，也受其本身供求关系、各种经济

因素、政治因素和突发事件的影响。比如国际原油价格上涨，黄金价格就会随之上涨；局部发生战争，那么黄金价格就会下滑。

第二，黄金是国际市场上唯一的硬通货，即便价格发生波动，但是不论到什么时候，其质地不会发生变化，价值也不会发生变化。黄金是世界货币，具有强大的购买力，投资者随时可以把它兑换成人民币、美元、欧元。

第三，黄金市场是全球性的市场，透明度非常高。在股票市场，很多投机者尤其是大额投资者为了谋取巨额利润往往会操控股票价格走势，而黄金市场价格全球统一，几乎没有财团或是国家能操纵黄金市场。

可你也不要以为投资黄金就是购买金条、黄金首饰这么简单，投资黄金是需要一定技巧和策略的，做到精准投资、合理投资才能圆自己的财富梦。

对于投资新手来说，要根据个人实际情况选择黄金产品，金条、金币是不错的选择，因为他们的保值作用高、安全性高。购买黄金首饰时，要看准其成色的高低，不要买低于14K的首饰，它们并不具备保值作用。

在投资的过程中，我们还要掌握好黄金价格变化的规律，选择好交易的时机。我国春节、国庆期间，通常黄金的价格都有所上涨，因为人们会购买金饰来佩戴，或是买金条、金币赠送他人。西方的感恩节、圣诞节、情人节等节日也是黄金需求的旺季，促使价格大幅上涨。每年8月中旬到11月，国际黄金价格也会有所上涨，因为这一段时期印度有多个宗教节日，黄金需求大幅度上涨。

需要注意的是,尽管黄金保值增值作用大,是不错的投资方式,但是投资黄金也是有一定风险的,一旦盲目地大量购买,或是频繁地买进卖出,也可能造成巨大的损失。

最为典型的例子是前些年的大妈炒黄金事件。

2013年,黄金行情比较好,人们开始倾向于投资黄金。而众多"中国大妈"也看中了黄金市场的大好形势,开始一拥而上,大肆地抢购市场的金条、金币、黄金首饰。据统计,2013年中国大妈共购买300吨黄金,金额达到1000亿人民币。

要知道,任何商品的价格都不可能只涨不跌,黄金也不例外。受各种因素的影响,国际金价开始持续走低,2013年4月底金条价格为每克312元,到了2014年5月,价格下降到每克274元。也就是说,投资1公斤金条就亏了将近4万元。这段时间,国内基础金价每克下跌46元。按照2013年4月国内黄金总销量100吨计算,当月投资黄金的投资者合计亏损高达46亿元。

苏州的李大妈就是跟风炒黄金的一员,当很多人抢黄金的时候,她也觉得这是不错的投资机会,于是在黄金价格跌破300元/克时选择大量买进金条。可万万没想到,黄金价格持续下跌,而且还有不断下跌的趋势,资产一下就缩水好几万。

第九节 信托：选择谁来替你理财

信托就是信用和委托，是一种以信用为基础的法律行为，也是一种投资理财方式。

它起源于英国，是财产所有者出于某种特定的目的或社会公共利益，委托他人管理和处分自己财产的一种法律制度。所以说，它原本是一种富人、贵族的投资理财方式。在很多发达国家，信托已经和银行、保险、证券并称为现代金融业的四大支柱产业。

信托涉及委托人、受托人、信托财产、信托目的和受益人。具体来说，委托人基于对受托人的信任，把财产委托给受托人，由受托人按照委托人的意愿以自己的名义，为受益人的利益进行管理和处分。

信托成立后，受托人原则上不能变更受益人，或是终止其信托的，也不能处分受益人的权利。受托人虽然是信托财产的所有人，但是不能以任何名义享受信托利益，也不能把信托财产转移为自有财产。同时，信托关系不因自然人的委托人或是受托人死亡、破产或是丧失行为能力，或法人委托人或受托人解散、合并或是撤销登记而消灭。

第8课 进行精准投资，为你的资产快速增值

1979年10月，中国国际信托投资公司成立，我国金融信托业开始发展，经历了几十年的发展之后，我国的信托投资也是日渐繁荣，成为投资领域不可或缺的重要力量。主要业务包括经营资金和财产委托、代理资产保管、金融租赁、经济咨询、证券发行以及投资等。

也就是说，我国信托投资公司主要限于信托、投资和其他代理业务，不能办理银行存款业务。信托投资公司受委托人委托管理和运用信托资金、财产，可以收取手续费，却不能吸取存款，而手续费的费率则由中国人民银行会同有关部门制定。

对于个人投资者来说，信托理财产品就是信托公司在"受人之托，代人理财"的宗旨下，根据融资方的资金需求设立的特定用途进行募集资金，然后按照约定的收益分配期限支付给投资者收益和回报。它具有低风险、收益稳定的特点。

与基金相比，信托产品的投资领域非常广泛，既涉及证券、货币、房产和基础建设等市场。可以说，基金就是标准化的信托，只是基金的监管方是证监会，而信托公司的监管方是银保监会。

目前我国大部分信托产品都是投资自益信托产品，也就是委托人和受益人是同一个人，主要包括资金信托、证券投资基金、贵重物品信托、知识产权信托以及不动产信托。我国实力强、信誉好的信托公司主要有中信信托、重庆信托、平安信托、华润信托、安信信托、中融信托和华能信托等。

我国信托行业发展良好，2017年信托资产管理规模达到26.26

万亿元，固有总资产规模达到6578亿元，固有净资产突破5000亿元。根据行业合并报表显示，全行业都处于盈利状态，没有一家公司出现亏损的情况。

这也就是说，投资信托产品是比较好的选择，风险小、安全性高，可以获得稳定的收益。那么，普通大众应该如何投资信托呢？又如何获得收益呢？

某银行向一家公司发放了1亿元的短期贷款，期间为1年，贷款利率为4.35%，由该公司的集团总公司进行担保。贷款发放之后，该银行与信托公司将这笔贷款包装成一款信托理财产品向个人客户发行，期限为1年，固定利率为3.8%，募集到1亿元资金后再将这笔贷款归还。这样一来，个人投资者通过购买这个信托理财产品，就可以获得3.8%的收益。

在这个过程中，信托公司会收取一定数额的佣金，而对于银行来说，它不再是贷款人，不再承担贷款风险，并且还可以赚取一定数额的中间业务收入。事实上，投资者成为这笔贷款的实际贷款人，银行把个人投资者的闲散资金聚集起来，然后再借给这家公司。如果这家公司按期归还贷款，那么投资者就可以获得比银行存款高的收益，可若是这家公司不能及时还款，那么投资者的收益就会受到影响。

这就是信托理财投资的风险，投资者是否获得收益，不仅要看借款人是否具有较强的偿还能力，还要看信托公司是否具有实力、是否有良好信誉。所以在投资信托理财产品时，投资者要懂得规避风险，选择排名在前的信托公司，同时还要考察信托产品的盈利前景以及信托项目担保方的实力。

一般来说，房地产、股票等项目的收益大，风险也比较高，而能源、电力、基础设施等项目的安全性好，可收益相对比较低。投资者还可以根据所投资项目的现金流的稳定程度、未来一定时期的市场状况、该行业的发展趋势来衡量其盈利前景。

比如，2011年大部分投资者看好煤炭业，于是便选择购买了某信托公司的投资产品，该公司的注册资本雄厚、流动性和盈利性指标都非常不错，预期年化收益10%左右。可是，从2012年开始整个煤炭市场非常不景气，煤炭价格一直下滑，融资集团外债持续上升，到了2014年外债金额高达50亿，这使得投资者遭受了不小的损失。

总之，信托投资是具有风险的，投资者要谨慎投资，切勿盲目。

第9课 红色警戒！别让前途栽在征信上

几千年前古人就说："言必信，行必果。""言无常信，行无常贞，惟利所在，无所不倾，若是则可谓小人矣。"到了今天，信用就是金融交易的基石，没有信用，金融市场就无法进行下去。所以，重视信用，尤其是个人征信，你的前途才能更远大。

第一节 信用，金融交易的基础

信用一词自古就有，"言不信者，行不果。""人而无信，不知其可也！""当信用消失的时候，肉体就没有了生命。"这些都是人们对于信用的理解和感悟。

当然，在金融学里，信用就是人与人之间、单位之间以及商品交易之间形成的一种相互信任的生产关系和社会关系。《新帕格雷夫经济大辞典》中给出了信用的定义，就是提供信贷意味着把某物（如货币）的财产权让渡，以交换在将来的某一特定时刻对于另外一物品的所有权。

信用与资本、财产之间有着非常密切的关系，若是我们想要在金融市场上立足，实现自由平等的交易，并且持续地赚取和维持财富，那么就必须提高自己的信用。不妨看看下面这个故事，它就详细地告诉了我们信用的重要意义。

> 很久之前有两个农夫，一个叫皮耶，一个叫沙颂。沙颂有一匹非常漂亮的马被皮耶看中了，想要用10美元买下它。虽然沙颂有些不舍，但还是被这笔数目不小的钱打动了，接下来他把这匹马卖给了皮耶，并且签订了买卖协议。
>
> 可没过几天，沙颂就有后悔了，始终觉得不应该卖掉自

己心爱的马。于是，他跑到皮耶的农场，想要把这匹马再买回来。皮耶自然不愿意答应他的要求，说："我没有办法答应你的要求，因为我已经为了这匹马买了一辆新车，它花了我5美元。如果你把马要回去，我的车子岂不是白买了。"

沙颂一听，说道："这还不简单，我把你的新车也买回来不就好了。这样吧，我愿意花20美元买它们。"

皮耶听了沙颂的话，在心里打起了算盘：我花了15美元买马匹和车子，短短一个星期就能赚5美元，何乐而不为呢？于是，他痛快地答应了沙颂的要求。

故事就这样结束了吗？并没有。他们之间就这匹马的交易持续了很长时间，交易的东西越来越多，包括马车配件、马料等等，自然交易的钱也越来越多。慢慢地，皮耶与沙颂手里的钱不够用了，于是他们便开始向银行借钱，以支付交易的费用。

银行为了确保他们能及时还款，核查了他们的个人信用、经济状态以及这匹马的交易记录，最终决定借给他们钱。之后，皮耶和沙颂的交易继续发展，每次交易之后，银行收回贷款的本金和利息。

很多年过去了，皮耶再一次从沙颂手中买下了这匹马，而它的价格已经涨到了1500美元。后来，一名来自哈佛大学的商学硕士听到了这件事，觉得这匹马的价值非常大，便以2700美元的价格从皮耶手中买走了……

第9课 红色警戒！别让前途栽在征信上

这个故事是不是很荒谬？确实有些荒谬，可它却形象地体现了皮耶与沙颂、两人与银行之间的信用问题。如果两个人没有信用，那么他们之间的交易就不会持续那么久，银行也不会轻易借给他们钱。假设一方的信用出现了问题，那么他们的交易也就被迫中止了。他们之间的交易循环代表了金融市场上各种商品的交易循环。

所以，信用是金融生活中交易往来和财富积累的基础，没有信用，交易就不可能产生，经济循环也不可能稳定持续下去。

信用包括国家信用、银行信用、企业信用和个人信用。

国家信用是以国家为主体进行的一种信用活动，商鞅变法中"徙木立信"的故事就是国家信用树立的故事。在金融学中，国家信用是一种国家负债，是指国家按照信用原则发行债券，从国民手中借入货币资金，以便加快基础设施的建设的经济行为。它的基本形式是发行政府债券，包括国内公债、国库券、专项债券。

同时国家信用还包括国际信用，即国家以债务人身份向国外企业、团体和政府取得的信用，包括贸易信用和金融信用，比如进出口贸易、国际货币资金的借贷活动、对国外发行政府债券。

国家信用不仅影响着本国金融市场的发展，同时对于扩大对外贸易、调节国际收支以及提高国家的国际地位有着很大的影响。所以，世界上各国对于国家信用都非常重视，以国家法律予以保障。

银行信用就是商业银行或是其他金融机构授予企业和消费者

个人的信用。在社会信用体系中，银行信用是最重要的支柱和主体信用，是连接国家信用、企业信用和个人信用的桥梁。

也就是说，只有银行信用健全，整个金融交易才能健康发展，整个社会信用体系才能更加健全完善。

银行信用的表现形式是以存款等方式筹集资金，以贷款方式向国民经济各部门、各企业以及个人提供资金。银行向企业和个人贷款时，需要审核其信用是否良好，是否具有偿还能力，尤其是对于个人贷款的审核是非常严格的。这样一来，不仅降低了银行回收贷款的风险，还保证了储蓄存款的安全。

可尽管如此，不良贷款仍是一直困扰各大商业银行的大问题。不良贷款就是银行难以收回，或已经收不回的贷款坏账。当一家银行的不良贷款达到一定的程度，就有可能出现严重财务危机，甚至面临破产的困境。据银保监会统计，2018年银行业信贷质量基本稳定，商业银行不良贷款余额2万亿元，不良贷款率达到1.89%。

之后是企业信用和个人信用，这两方面的问题我们之后会具体阐述，这里就不再详细讲解。

总之，这是一个信用至上的时代，我们需要提高自己的信用度，如此才不能让前途栽在信用上。

第二节 征信差,对你影响有多大

这是一个越来越重视征信的时代,个人信用是否良好已经成为你是否能够正常生活和进行经济行为的关键。个人征信,就是一个人专属的金融身份证,一旦出现不良记录,那么将影响办房贷、办信用卡、民间借贷,甚至是面试的成功和职场的发展。

不妨看看下面几个事例:

故事一:

小王在某城市工作多年,算是事业小有成就,也积累了一些财富。最近小王打算和相恋多年的女友结婚,并且打算买一套商品房作为婚房。很快小王和女友便选中了某一高级公寓的三居室,并且与开发商签订了购房合同。房款总计350万,小王支付了85万元的首付款,可在办理银行贷款时却遇到了问题。银行工作人员表示小王的贷款没有被批准,因为他的个人征信不算良好——办了多张信用卡,并且有几次逾期还款记录。

故事二：

2018年高考，老张的儿子考上了北京某名牌大学，十年苦读终于有了好的回报。老张和家人都非常高兴，立即把这个消息告诉了朋友、亲戚以及所有邻居。可没有想到的是，该学校在开学前却打来电话，说老张存在着失信行为，如果不能处理好，那么学校将不会录取他的儿子。

原来，老张做生意时欠了供货方20万元货款，虽然对方已经通过法院起诉并获得了胜诉，但是老张拒不执行。他没有想到自己的失信行为竟然导致儿子被大学拒收，到这时才后悔不已。

故事三：

方先生是北京一家企业的部门经理，一次准备到广州出差，与一位重要客户进行谈判。可他购买飞机票的时候，却被告知自己被限制高消费了。

所谓限制高消费就是由于个人出现失信行为，法院依法对被执行人采取限制消费措施，使其不得进行以下高消费及非生活和工作必需的消费行为。其中包括乘坐交通工具时，无法选择飞机、列车软卧、轮船二等以上舱位；无法在星级以上宾馆、酒店、夜总会、高尔夫球场等场所进行高消费；无法购买不动产或者新建、扩建、高档装修房屋；无法租用高档写字楼、宾馆、公寓等场所办公；无法购买非经营必需车辆。同时，旅行、度假、子女就读高收费私立学校等消费行为都受到限制。

通过上述事例，我们可以看到个人征信差、信用不良对于生活的影响是非常巨大的。尽管如此，人们对于个人征信的认识还不够，在日常经济活动中不能很好地约束自己的行为。我国目前非常重视个人信用体系的建设，尤其是各大银行机构进行联网之后，个人失信的影响更加大。

之前，一个人在某家银行有贷款不还的状态，还可能到别家银行继续贷款。可个人征信联网之后，这个人在所有银行和金融机构，甚至是网上贷款平台都很难贷到款。2018年10月18日，央行开始加强互联网信用体系建设，推动小贷公司、网贷机构全面接入征信系统，实现互联网金融、互联网电商等领域的信用信息覆盖。2019年5月新版征信报告将正式面世，征信信息的时长及精细程度将进一步提升，这就意味着个人信用不良记录再也无法遮盖。

在现代社会，个人征信不仅显示着一个社会的道德风尚，更是一个国家经济发展的巨大资源。评价一国市场体系是否成熟的标志之一，就是个人信用体系是否完善。而个人信用信息不仅包括贷款信息、信用卡信息，还包括了个人身份识别信息。随着数据库的逐渐完善，个人支付电话、水、电、燃气等公用事业费用的信息以及法院民事判决、欠税等公共信息也被列入个人征信系统，全面反映一个人的信用状况。

个人征信越来越与每个人的生活息息相关，成为个人的无形资产，所以全面维护自己的个人信用吧！

第三节　影响征信评价的因素究竟有哪些

既然个人征信对于一个人来说如此重要，那么都有哪些因素会影响一个人的征信评价呢？

想要弄清这个问题，我们必须了解个人信用的两种形式，即个人消费信用和个人经营信用。

个人消费信用，就是个人以赊账方式向商家购买商品以及个人向银行贷款时所产生的信用。个人消费信用主要用于购买耐用消费品，如房屋、汽车、珠宝以及教育、医疗等各种劳务。而个人经营信用是企业信用的人格化和具体化，集中体现在经营者个人身上。

正因如此，影响个人征信评价的因素主要有以下三个方面：

第一方面是逾期造成的不良征信记录。

信用卡逾期不还，包括还款没达到最低还款金额；贷款逾期，包括银行贷款、部分小额贷款公司、网贷等；费用调整造成的逾期。我们都知道房贷是随着利率的调整而发生变化的，一旦房贷的利息上调，你还按照原来的还款金额还款，那么就会造成逾期，从而产生不良征信记录。

除此之外，你为别人做贷款担保，但是如果对方不按时还款或是拒还，那么你的个人征信也会受到影响，所以不良征信记录也包括第三方担保造成的逾期。

这里我们需要强调一下，信用卡通常都有年费，银行规定刷卡次数超过××次就免年费。可若是你刷卡达不到免年费的标准，没有缴纳年费，那么也会影响个人信用。同时，办理了信用卡，没有激活，或是激活后又没有使用，那么信用卡也会产生年费，若不缴纳年费也会有不良信用记录。还有信用卡恶意套现、信用卡透支消费都会导致征信差。

第二方面是个人不良社会行为造成的不良记录。

一个人若是有欠税、受到过行政处罚没有按时履行处罚、经法院判决后没有按时执行、遭到法院强制性等行为，个人不良行为都会影响到个人征信记录。

上面我们说过，个人支付水、电、燃气等公用事业费用的信息也被纳入征信系统，那么这些行为也会影响一个人的征信评价。一个人若是长期欠电话费、水电费，或是坐公交、火车逃票，也会产生不良记录。

除此之外，不文明旅游（包括在名胜古迹、旅游景点胡乱画画、写自己的名字）、随意扔垃圾、闯红灯等行为也会影响个人信用。

最后就是不理性行为造成的不良信用记录。

由于种种原因，人们越来越重视个人征信评价，于是便有事没事去查下自己的征信，导致短期内查征信太多，这样的行为也会影响个人征信。这是因为一个人若是短期内大量办信用卡、申请贷款，都会促使调用和查询征信的次数增多。

第四节 让银行吃亏？你想得美

很多年前，人们就听过中国老太太和美国老太太消费观不同的故事，自然无数年轻人也受到这个故事的影响，改变了自己的消费观——从"苦哈哈"地攒钱，有多少钱就花多少钱，没有就不花，变为敢于超前消费，享受当下的生活。

当然，这超前消费离不开银行的支持，当人们想要买房、买车却资金不足的时候，就会向银行贷款。

老方的儿子快到结婚的年龄了，且已经找到合适的结婚对象。可这却让老方犯了愁，因为对方不仅要求男方付新房首付款，还要求买新车。这下老方可着急坏了，不知道哪里去弄那么多钱。

无奈之下，老方想到了贷款买房，于是他拿出了5万元钱给儿子买了一辆新车，并且向银行贷款50万交了新房首付，剩下的钱每月还2700元，期限为30年。这下难题解决了，儿子顺利地结了婚，老方心里也是美滋滋的。他心里想：这银行贷款真是太便利了，自己住新房，让银行为自己买单，真

第9课 红色警戒！别让前途栽在征信上

是太好了！

可真的如此吗？

老方的故事，明显是消费信贷的实例，就是商业银行为个人消费提供的贷款。它对于个人来说是一种福利，可以解决人们资金困难的问题，提前过上自己想要的幸福生活。个人消费信贷的内容很广泛，不仅仅包括买房、买车，还包括我们熟知的国家助学金贷款、旅游贷款，购买电脑、电视机、手机等消费品。

但是，消费信贷并不意味着银行为你白白买单，你也不能白白地占银行的便宜。作为个人，想要向银行贷款就必须提供抵押担保，按照担保的不同，贷款形式也有所不同——即分为抵押贷款、质押贷款、保证贷款和信用贷款等。

比如老方向银行借的房屋贷款，虽然房子的所有权是属于老方或是其儿子，但是这房产已经抵押给银行。抵押权人是银行，一旦发生债务纠纷，银行有优先取得债权的权利。老方还清贷款之后，只有去银行和房管局办理解押，才算是真正拥有房子的所有权。可老方若是不能按时偿还贷款，银行有权利对房产进行拍卖、变卖。老方在偿还银行贷款的同时，还必须支付一定的利息，这利息会根据市场利率的变化而波动。

另外，是否能及时偿还银行贷款，还关系到个人征信的问题。这个问题我们前面已经讲过，试想一个人个人征信不良，那么银行还愿意贷款给他吗？

即便不是如此，银行也不会因为个人消费信贷而吃亏，这是因为房地产商也是经由银行贷款,如果银行不贷房贷给个人,那么就会妨碍地产商资金回流以及银行的金融风险。更为重要的是,如果银行不进行个人消费信贷,那么人们的消费就会受到遏制,市场上的货币流通就会出现紧缩的情况。

也就是说,个人消费信贷有效地引导了个人的消费,扩大了市场和内需,促进了银行货币的流通。所以不管是从微观还是宏观来说,银行都不可能吃亏的。

第五节　透支消费,几家欢喜几家愁

消费信贷可以让我们每个人"花银行的钱,为自己买需要的东西",也让人们更愿意超前消费。正因为如此,向银行借钱的人越来越多,使用信用卡的人也越来越多——信用卡的申请门槛也随着越来越低。

随后,"按揭买房""分期付款""信用卡"成为中国的热门词汇,如今随着网络支付、移动支付的兴起,"花呗""借呗""京东白条"也是方兴未艾。信用借贷几乎变成了零门槛——只要你有身份证,便可以在网络平台借到钱。绝大部分中国人,尤其是90后、00后年轻人为了解决燃眉之急,或是购买自己想要的物品而选择借钱消费。

根据花呗发布的《2017年轻人消费生活报告》显示:中国大

约有1.7亿90后,其中开通"花呗"的人数高达26.47%;35岁以内人的贷款余额比重高达79.38%。

这是因为80后、90后是在相对富裕的环境中成长的,消费观念比较超前,他们注重生活品质、享受,不会委屈和压抑自己。当信用卡、花呗、借呗等互联网消费能够满足自己的追求时,他们便沉浸其中了。

可我们也需要注意一个问题,虽然超前消费让年轻人的生活更美好,可一旦把握不住这个度,无限度地透支、透支,那么很可能使自己背负巨大的债务,陷入个人财务危机之中。

刚刚毕业两年的小刚便陷入了这样的困境中。由于家庭不是很富裕,小刚大学四年都使用一部价格便宜的旧手机。找到工作之后,小刚觉得继续使用旧手机会影响自己的形象,便想要买一部时尚高档的新手机。于是,他就用网络分期购买了一款苹果新款手机,花费了将近10000元。

从此之后,小刚就一发不可收拾,开始了疯狂的网贷之路。为了还分期贷款,他又办了两张信用卡,本想着还完贷款之后就恢复正常消费。可是随着想要的东西越来越多,借的钱也越来越多,两张信用卡的额度根本就不够用。于是,小刚开始以贷养贷,又开通了几张信用卡,开通了借呗、花呗,甚至向网上小额贷款公司借钱。要知道小额贷款的利息是比较高的,且是利滚利,终于有一天,小刚的资金链断了,信用卡开始逾期,小额贷款也逾期……

最后，小刚信用卡和网贷欠款的金融竟然高达10万，每天都接到几十个催收电话，就连父母、公司老板、朋友也都知道他贷款的事……小刚的生活被搞得一团糟，负债累累、个人征信严重受影响，好好的工作也被弄丢了。直到父母拿出养老的钱，帮小刚还掉了所有贷款，他的生活才算是恢复了平静。

看到了吧，过度透支并不能让生活更好，除了必须承受高额的利息，一旦逾期或是无力偿还，那么你的人生也就毁掉了。生活中像小刚这样的年轻人并不在少数，人们时常听到新闻报道：某某大学生深陷网贷被警察带走；某某网贷3000元，以贷还贷一年后，涨到几十万，再也还不起；白领借9家网贷平台整容，以贷养贷藏忧患……

事实上，很多年轻人的透支消费已经不再是满足日常生活需求了，反而是为了买奢侈品、化妆品、旅行、买车，甚至是整容。据调查数据显示，53%的大学生选择贷款是由于购物需要，主要购买化妆品、衣服、电子产品等。而据麦肯锡中国发布的《2019年中国奢侈品消费报告》显示，2018年中国人在境内外的奢侈品消费额达到7700亿元人民币，占全球奢侈品消费总额的三分之一，其中90后占奢侈品买家总量的28%，贡献总消费的23%。

很多年轻人的现状变成了这样：一方面出手大方、喜欢享受，毫不犹豫地买下苹果手机、化妆品、健身卡以及动辄数千元的消费品；另一方面每个月都数着日子过，盘算工资、奖金、盘算着生活费和买消费品的费用，盘算着各项借款还款日和用哪张卡来"倒钱"，生怕出现一点纰漏。

所以，我们在看到超前消费优势的同时，也要清醒地看到其弊端，千万不要因为过度地追求物质享受，把超前消费变为过度的透支消费，因为过度消费和负债消费造成的负面影响是非常巨大的。

同时，整个社会的不理性消费可能会产生难以填补超前消费的窟窿，这将引起社会的不稳定，长此以往，甚至会引发经济危机，造成整个经济系统的崩溃。

重新审视自己的消费观念，理性消费，不过度消费，更不要成为各种借款的奴隶，这才是我们最应该做到的。

第六节　毁掉商业口碑，等于自我摧毁

虽然说企业征信是通过个人（管理者或所有者）的个人征信来体现的，但是商业信用却是一个企业的灵魂。

在当代社会的经济生活中，除了个人信用，还有商业信用、银行信用、国家信用、消费信用，它们共同组成了一个社会或国家的信用体系，是一国市场经济健康发展的重要保证。

尤其是商业信用，它在社会信用体系中占据最重要的地位，由于它具有很大的外在性，因此，在一定程度上它影响着其他信

用的发展。很多人认为,信用就是货币,货币就是信用;也有人认为信用创造货币,信用形成资本。在金融的世界里,没有什么比商业信用更重要的,它就是财富的代名词和创造者。

不妨看看这个故事:

约翰·摩根曾经是美国华尔街金融帝国的主宰者,创造了拥有亿万财富的摩根家族。可事实上,摩根年轻时只是一个一无所有的穷人,做着普普通通的工作。后来,摩根成立了一家名为伊特纳火灾的保险公司,然而这家保险公司还没成立多久,就遭遇了一个巨大问题——一个客户遭遇了火灾,损失惨重。若是完全付清赔偿金,保险公司就有可能面临破产;可若是拒绝赔偿,保险公司的信用就会受损,失去大部分客户的信任。

公司的股东一个个惊慌失措,纷纷拒绝赔偿,甚至要求退股,但是摩根却认为信用比金钱更重要。于是他四处借钱,并且卖掉了自己的房屋,低价收购了股东们的股份,然后把赔偿金全部赔给客户。

一时间,摩根和他的伊特纳火灾保险公司声名大噪,赢得了无数客户的支持和青睐。人们认为他的保险公司是最值得信赖的,比其他大的保险公司更讲商业信用。从此,伊特纳火灾保险公司迅速崛起,成为美国最著名的保险公司之一。

而摩根和摩根家族也把商业信用看作是最重要的资产,百余年后摩根的孙子为众议院银行货币委员会做证词时,最核心的证词仍只有两个——信用。

可以说,一个没有商业信用的企业是无法在市场中生存下去的,就别提创造财富了。它就是一个企业生存、发展、壮大的基础,若是一个企业失去了商业信用,那么就等于毁掉了良好的口碑,就等于自我毁灭。

那么,商业信用的含义是什么呢?商业信用是指企业之间在买卖商品时采用赊销方式提供的信用。它主要包括赊购商品、预收货款和商业汇票,是企业的润滑剂,能够促进生产和产品的流通,是任何其他信用形式都无法取代的。

对于企业来说,商业信用可以为自己提供一种便利而又快捷的融资服务,满足企业对于资金的需求,并且保障企业持续地发展。而企业之间的信用,既可以满足一方的资金需求,又可以促使对方减少库存压力,加快了存货的流通速度和资金周转,增加了企业的效益。

所以,一个企业坚守信用,不仅仅是对对方有益,更对自己有益。信用和资金、资本、财富是息息相关的,关系到我们日常商业生活的方方面面。你只有做到了诚实守信,兑现承诺,才能让合作者和消费者产生好评和商业信赖,赢得好的口碑,从而赢得财富。